감정 버튼

감정 버튼
2024년 12월 1일 초판 1쇄 펴냄

지은이_은진
펴낸이_정환정
펴낸곳_시시울
등 록_제364-1998-000008호
주 소_대전광역시 동구 대전로 867번길 52
　　　 한밭오피스텔 407호
평생전화_0505-333-7845
전　　송_0505-815-7845
전자우편_sisiwool@naver.com

값 12,000원
ISBN 979-11-89732-70-7　03810

*이 책 내용의 전부 또는 일부를 재사용하려면 반드시
 지은이와 시시울 양측의 동의를 받아야 합니다.

시움산문선 05

감정 버튼

은진 에세이

시시울

글쓴이의 말

 퇴직하면 하고 싶은 일이 많았다. 유럽 여행, 제주도 한 달 살기, 하루 종일 영화 보기, 식물 집사 등. 그런데 이런 것들을 뒤로 하고 선택한 것이 '글쓰기'였다. 도서관 책 만들기 프로젝트가 있어 신청했는데 덜컥 참여기회를 얻었다. 시간이 넉넉했으니 쉬엄쉬엄해도 괜찮은 줄 알았다. 하지만 글쓰기는 쉬운 일이 아니었다. 이 프로젝트를 위해 2주마다 한 편씩 글을 써야 했고, 게다가 평생교육원 글쓰기 강좌까지 신청해서 숨 돌릴 틈 없이 달려야 했다.

 새로운 것을 배우는 일은 설렘과 긴장, 그리고 기대감을 동시에 안겨주었다. 그렇다고 모든 일이 뜻대로 되지는 않았다. 열의를 다해 쓸수록 글에 자꾸 걸려 넘어졌다. 어떻게 풀어나가야 할지 고민도 깊어졌다. 그제야 깨달았다. 내가 너무 잘하려고 애쓴다는 것을.

시간이 흐르면서 모든 상황은 저절로 해결되었다. 서두르지 않고 천천히 하기로 했다. 그것만으로도 다시 일어설 용기를 얻었다. 이런 마음가짐 덕분에 실력이 부족해도 좌절하지 않을 수 있었다. 글을 써 나가면서 조금씩 성장하는 내 모습을 발견했고, 그 과정 자체가 즐거웠다.

올여름은 유난스러웠다. 대전과 당진을 오가며 글쓰기를 병행하는 일이 숨 가쁜데 더위를 견디는 것도 만만치 않았다. 하지만 더위가 물러나면 가을이 오듯 내가 쓴 글이 언젠가 한 알의 열매로 익어갈 것이란 기대를 놓지 않았다. 아마도 그 열매가 단단하고 잘 여물 것이란 믿음 때문이다.

이 책의 1, 2부는 내가 경험한 것을 바탕으로 정리한 글이다. 30년 동안 근무했던 학교 이야기, 고향 집 이야기, 산책하다 만난 동물과의 소소한 것들을 표현했다. 3, 4부에 등장하는 책은 '보일락말락(독서 모임)'에서 활동하던 시절에 읽은 것이다. 책에 대한 단순한 소개나 후기에 그치지 않았다. 그 대신 책의 내용과 맞닿은 내 일상의 경험을 떠올리며, 그 과정에서 느낀 바를 중심으로 글을 썼다.

글을 쓰는 과정이 쉽지 않았지만, 오히려 그 덕분에 큰 보람을 느꼈다. 쓸 때는 괴로웠지만, 다 쓰고 나면 기쁨이 밀려왔기 때문이다. 그것은 행복한 중독이었고, 그 힘이 이 책을 만들게 하였다. 그렇다고 이 책을 혼자 완성한 것은 아니다. 우선 책이 나오도록 이끌어 준 배지영 작가님께 감사드린다. 그분은 이 책이 나로부터 흘러나오도록 만든 장본인이다. 그리고 나에게는 가족의 끊임없는 응원이 가장 큰 버팀목이었다. 이 과정을 통해 깨달은 것은, 책은 결코 혼자 쓰는 것이 아니라는 점이다.

2024. 11. 당진에서 은진

차례

글쓴이의 말…05

제1부 일상의 스케치북

아이돌 팬의 고백…12

졸리를 그리는 남자…19

빈집인데 맛집입니다…25

왓왓왓이라고?…31

욕심을 내면 힘들어…39

찾은 보물, 먹었습니다…45

잃어버린 집에게…50

제2부 교실 안과 밖의 풍경

민이의 감정 버튼…58

FM 같은 사람…63

마지막 교실…70

놀이터 풍경화…75

그의 트레이드마크…82

30년을 정리 중입니다…87

백년손님의 손맛…93

제3부 책과의 솔직한 대화

꿈틀거리는 마그마…100

유턴해도 괜찮아…106

너무 착하게 살지 마요…112

빵 터지는 소통법…118

'아니오. 그건 싫습니다.'를 연습하자…125

내 언어 온도는 몇 도일까…131

정말 읽기 싫은 책…138

제4부 책이 남긴 내면의 울림

지랄 총량의 법칙…146

무식하면 죽을 수도!…152

엄마는 착실하게 세금을 내고 있습니다…158

논두렁을 아프리카 초원으로 만든 친구…163

복숭아꽃이 피면 아버지가 생각난다…169

아버지가 유산으로 남긴 3단 옷장…175

딱 3천 원이야!…184

해설…189

1부
일상의 스케치북

아이돌 팬의 고백
졸리를 그리는 남자
빈집인데 맛집입니다
왓왓왓이라고?
욕심을 내면 힘만 들어
찾은 보물, 먹었습니다
잃어버린 집에게

아이돌 팬의 고백

가장 멋진 밤하늘의 예술가.

이런 멋진 **아티스트**를 본 적이 있나요?

"오늘은 꼭 봤으면 좋겠다!"

해가 지면 어둠이 어슬어슬 내리기 시작한다. 밤을 기다리던 나는 서둘러 나갈 채비를 했다. 여름밤의 공연은 약 보름 정도라 길지 않다. 장소는 알 수 없다. 미리 나타날 장소를 알려준 적이 없으니, 만나려면 스스로 찾아야 한다. 또 기다린다고 해서 반드시 나타나는 것도 아니다. 입장료가 무료인 만큼 느긋함을 가지고 있어야 만남도 가능하다.

무대는 넓고 전망이 탁 트인 곳에 있다. 그렇다고 월드컵 경기장은 아니다. 아무리 화려하고 조명이 밝은 무대라도 그들은 사양한다. 아니 그런 공연장이라면 오히려 싫다고 고개를 흔들면서 피한다. 사람들과 멀리 떨어져 있는 조용하고 어두운 무대가 더 마음에 든다고 한다. 자기만의 스타일이 확고해서 매우 까다로운 편이라고 할 수 있다. 그래서 이런 취향을 이해하며 조용히 때를 기다리는 팬들이 전국에 많다. 나도 내가 살고 있는 지역에서 만날 날을 손꼽아 기다리고 있다.

주인공은 작은 벌레. 혹시라도 기대에 못 미쳐 실망했다면 그건 아직 이 벌레의 공연을 보지 못해서 그럴 것이다. 공연 시기가 돌아오면 팬들은 기다렸다는 듯이 모여들어 환

영한다. 벌레라고 치를 떨며 비명을 지르거나 피하기는커녕 졸졸 따라다닌다. 때로는 장소와 날짜를 대대적으로 홍보하는 축제를 열어 관객을 모으기도 한다. 벌레 취급이나 받던 데뷔 초기의 애벌레 입장으로는 이런 반응들이 호들갑스럽다며 눈을 흘겨도 어쩔 수 없다. 어떤 이들은 늦은 시각의 공연에 일부러 휴가를 내 찾아가기도 한다. 열정만은 여느 아이돌 팬에게 뒤지지 않는다.

 작년 공연장으로 먼저 향했다. 당진 시내에서 멀리 떨어질수록 천변길은 칠흑같이 어둡다. 1년 전의 기억을 떠올리며 기다리는데 잠잠하다. 단체 공연은 고사하고 솔로 출연마저 취소된 듯 조용하다. 주위가 어둠 속으로 빨려 들어가던 그때, 어스름한 형체들이 비로소 눈에 띄기 시작했다. 누군가 천변 일대를 휩쓸고 공연장까지 자기들의 영역으로 확장하고 있었다. 풀과 조그만 나무들의 숨통을 조이듯 올라오는 것은 가시박 덩굴이다. 삼킬 듯이 덤비는 행태가 무척이나 위협적이다. 벌레도 나만큼이나 놀란 것은 아닐까.
 다음 장소로 움직였다. 가로등이 없는 어두운 농로다. 다행히 거기까지는 가시박의 침입이 미치지 못했다. 풀벌레와 도랑물 소리가 맑고 청명하다. 다만 좀 겁이 났다. 매번 "으

악!" 소리를 지르게 만든 주범들이 이곳에 득실거리기 때문이다. 예고하며 나타나면 좋으련만, 소리 없이 슬며시 나타나서는 깜짝 놀라게 만든다. 생각만 해도 소름이 돋는 뱀과 지렁이들. 바짝 긴장한 채 컴컴한 밤하늘을 응시하던 그때였다.

"어! 반딧불이다."

여러 개의 빛이 춤을 추며 어둠 속에서 나타났다. S자를 연속적으로 그리며 날아다닌다. 노랗고 연두색을 띤 생명은 팬을 위해 몸을 사리지도 않는다. 스타의 움직임을 하나도 놓치고 싶지 않은 나는 눈으로 그들의 동작을 따라갔다. 10여 마리의 조촐한 공연이지만 가슴 졸인 만큼 멋졌다. 온몸으로 뿜어내는 빛의 예술이 황홀해서 가슴이 벅찼다. 나는 그대로 못 박힌 채 움직일 수가 없었다. 그 신비로움에 한 번 빠진 사람이 헤어나기 쉽지 않은 이유가 바로 여기에 있다.

이 벌레를 좋아하는 이들은 전국적으로 그 수를 헤아릴 수 없을 정도로 많다. 특히 가장 많은 팬을 보유한 전북 무주의 벌레들. 해마다 '반딧불이 축제'를 열어 멋진 공연을 펼친다. 반가운 소식도 들린다. 깨끗하고 살기 좋은 서식지를 제공하겠다는 지역이 나타났다. 자기 마을에서 안심하고 지낼 수 있도록 자발적으로 나선 손길이다. 이 벌레의 컴백을 위해서란다. 더 이상 훼손하지 않고 자연과 상생하는 일. 그 결과로 오는 일은 상상만 해도 기쁘다.

지금과 같은 인기 비결은 개체수의 급격한 감소. 희소성이 준 어쩔 수 없는 인기라서 마냥 좋아할 일은 아니다. 자연 그대로 더 이상 훼손하지 않을 때 그들의 전성기는 다시 올 것이다. 인기를 따라 이 벌레의 팬이 되지는 않았다. 희소성을 따지며 가치를 매긴 적도 없다. 다만 작은 벌레가 마냥 좋아 그들이 자주 나타나기를 바랄 뿐이다.

아끼는 배우가 생기면 그들의 작품이나 연기경력이며 사소한 습관까지 알고 싶은 게 팬의 심리다. 팬이라면 그 정도는 알아야 한다. 더구나 까다롭기로 소문난 배우라면 자세한 정보가 필요하다. 그렇게 해야 할 만한 가치가 이 벌레에게는 있다. 예정 없는 공연을 보기 위해서는 습성이나 나타나는 시기를 꼭 알아야 하기 때문이다.

벌레의 먹이는 주로 달팽이와 다슬기. 서식지는 개천이나 풀숲. 알과 애벌레, 성충이 모두 빛을 내는 특별한 재주가 있다. 세 종류의 반딧불이가 있는데 9월에 나타나는 것은

'늦반딧불이'다. 내가 당진 지역에서 주로 만나는 종으로 가장 크기가 크고 지속성이 높은 빛을 낸다. 루시페린이라는 화학물질이 산소와 결합해서 내는 빛이 너무 황홀해 한 번 보면 자꾸 보고 싶어진다.

정작 반딧불이가 빛을 내는 이유는 짝을 찾기 위해서다. 그래서 밤마다 수컷들은 마음에 드는 암컷들을 유혹하려고 빛을 내는 것이다. 비행은 약 열흘 정도. 공연이 막을 내리면 곧 그들의 죽음이다. 그런 것도 모르면서 열광하고 쫓아다니기만 하다니. 괜스레 미안할 정도로 멋쩍어진다. 스타는 이렇게 한순간에 사라지면서도 또 내년을 기다리라고 한다.

나는 밤 산책을 좋아한다. 어디선가 날아든 빛이 너무 아름다워 그때부터 팬이 되었다. 처음엔 한 마리를, 다음 해에는 두세 마리를 만나면서 매일 밤 그들이 나타날 곳을 찾아 헤맸다. 너무 사랑스러워 놀랐고 그 벌레가 '반딧불이'라는 사실에 또 한 번 놀랐다. 다시는 못 볼 줄 알았기 때문이다. 천변 주위가 그동안 깨끗해진 것 같아 기뻤다.

지금은 해마다 그들이 돌아오기를 바라며 내가 사는 지역의 환경을 염려하는 소시민이 되었다. 그리고 반딧불이뿐만 아니라 모든 생명체가 다 소중하다는 사실도 잘 알게 되었다. 벌레를 좋아한 뒤로 바뀐 변화가 생각보다 많은 것 같다. 반딧불이가 준 것들이다.

뒤늦게 팬이 된 나의 고백이 이렇게 길어졌다. 다행히 반딧불이는 이미 알고 있는 눈치다. 그동안 몰라주었다고 섭섭한 것도 또 특별히 자랑할 것이 없단다. 그저 수많은 밤을 밝혔을 뿐이라고 한다. 가장 멋진 밤하늘의 예술가. 이런 멋진 아티스트를 본 적이 있나요?

졸리를 그리는 남자

어울리지 않을 거라는 내 편견은

완전히 빗나갔고,

오히려 **은근히** 잘 어울렸다.

그는 사진을 한 번 더 들여다본다. 내 시선도 자연스럽게 사진 속으로 끌려간다. 풍성하게 늘어뜨린 머리카락과 커다란 눈, 그녀의 상징이 된 두툼한 입술이 보인다. 세계적인 배우인 그녀는 누구에게나 미인으로 통하지만, 가장 매력적으로 느껴지는 부분은 역시 눈빛이다. '기초 소묘' 수강을 위해 그는 필요한 자료를 챙기기 시작한다. 검은색 화구가방에 4절 스케치북을 넣는데 방이 좁아서 그런지 가방이며 그의 동작 하나하나가 크게 느껴진다. 4B연필과 톰보지우개는 초록색 필통에 담고 마지막으로 '앤젤리나 졸리' 사진을 정성스럽게 화구가방에 넣는다.

"다음엔 당신 부인을 그리는 건 어때?"

"강사님이 그러는데 이목구비 뚜렷한 외국인이 그리기 편하대."

"이왕이면 이쁜 여자가 좋다는 거네."

"오늘은 졸리와 마지막이야."

우리 부부는 직장을 같은 날에 그만두었다. 그는 주 근거지인 당진을 그대로 두고 1년 동안 대전살이를 하는 건 어떠냐고 제안을 해왔다. 나 역시 살아본 적 없는 그 도시가 궁금했고, 퇴직 뒤로 미루었던 배움을 어차피 시작할 거라면 그곳에서 하면 좋을 것 같아 흔쾌히 받아들였다. 나는 글쓰기를 그는 그림을 배우기로 했다.

"그런데 뜬금없이 웬 그림이야?"

"예전부터 하고 싶었어."

오래전부터라고? 한 번도 들어본 적 없는데. 살아온 시간을 계산해도 나만큼 그와 오래 산 이가 없다. 어쩌면 시부모보다 잘 안다고 자부할 때도 있다. 어린 시절의 친구 관계나 어머니를 향한 애틋한 마음은 물론이고 답답하면 왜 말이 없는지, 주로 누구랑 술을 먹는지, 올빼미모임의 멤버가 누구인지 등. 그를 대강 추측하며 아는 체했지만, 알고 보니 완전히 잘못 알고 있었던 모양이다.

조그만 오피스텔을 월세로 얻고 꿈을 이룰 수 있는 가까운 곳을 찾았다. 멀지 않은 곳에 평생교육원이 마침 개강을 앞두고 있었다. 그는 붓과 물감으로 그리는 일은 엄두가 나지 않는다며 기초 소묘인 '연필화'를 선택했다. 처음 배울 때는 뭐부터 시작해야 좋으며 수채화와 아크릴화는 어떻게 다른 것인지 진지하게 물었다. 이제는 학생을 가르치는 일을 벗어나 오히려 다른 사람에게 배우게 된 기분은 어떨까? 그는 약간 긴장한 듯 보였다. 설렘 반 걱정 반을 적당하게 섞은 상기된 얼굴이었다.

처음 배울 때는 실력이 따라주지 않아도 불안하지 않다. 몰입하는 그 자체로 즐거워서 사소한 것에도 기쁨을 느끼고, 만족감이 크다. 얼마 지나지 않아 그도 비슷한 감정을 표현한 적이 있다. "연필을 처음 잡아본 것 치고는 이렇게 그리다니, 놀랍지 않아?" 어설프게 시작한 스케치북 위에 '모과'와 '공'의 모습이 서서히 드러나면서 제법 그럴싸해 보였는가 보다. 그림을 설명하는 표정에서 자신의 가능성을 발견한 듯 자부심이 대단했다.

계속 성장할 수 있다면 좋겠지만, 배움에는 반드시 넘어야 할 산이 있다. 그 산이 아무리 낮아도 처음에는 숨이 차오른다. 배우고 노력할수록 실력은 늘어가지만, 계속 아쉬운 점이 눈에 띄는 건 어쩔 수 없나 보다.

평생교육원에 다닌 지 3개월째였을까. 그는 기초 소묘 수업을 마치고 집에 오자마자 스케치북을 펼쳤다. 표정에서 그림이 뜻대로 되지 않는 답답함이 느껴졌다.

"3시간이나 그렸는데 졸리가 이상해."

"괜찮은데. 입술이 틀림없는 졸리야."

조금만 봐달라는 의도를 알면서도 화가가 아니라며 먼저 거절했다. 그럼에도 내 시선은 이미 그림에 머물러 있었다.

나도 종일 노트북을 뚫어지게 보다가 어떻게 써야 할지 고민이 되면 그에게 물어보게 된다. 그때마다 퉁명스럽게 도와주었다면 절대로 가르쳐 주지 않았을 텐데, 그는 대체로 부족한 점을 잘 찾아내어 친절하게 알려주었다. 이제 내가 그에게 같은 방식으로 대할 순간이 왔다는 것만으로도 기분이 들떴다. 예상치 못한 통쾌함이었다. 사실 내 그림 실력은 몇 년에 걸쳐 화실에서 놀며 배운 게 전부다. 지금은 그림 몇 점이 남았을 뿐 아예 그만둔 상태다. 그래서 티를 내지 못하는데, 그는 내 실력을 이상하리만치 좋게 평가한다.

"눈과 코의 균형만 맞추면 괜찮을 것 같아." 별것 아닌 지적에도 그는 고심하는 눈으로 그림을 바라본다. 전문가도 아닌 내 조언에 그렇게 귀 기울이는 반응이 싫지는 않았다. 나도 모르게 으쓱해지는 기분에 신이 난 것 같다. 숨길 수 없는 흡족함이 더해지면서 지적은 계속되었다.

서양인들의 특징인 눈을 더 뚜렷하고 크게 그리면 지금보다 나을 것 같고. 오른쪽에 비해 왼쪽 얼굴이 넓으니 부자연스러운 모습이라고. 살짝 그쪽만 줄여주기만 해도 전혀 이상하지 않은 그림이 될 거라고 했다. 지우개를 잘만 이용해도 자연스럽게 만들 수 있다며 왼쪽 볼을 스치듯 지웠다. 얼굴 균형을 조금 맞춰주었을 뿐인데 "역시 전문가다워."라는 말이 들렸다. 치켜세우는 남편의 칭찬이 이어질수록 입꼬리가 실룩거렸다.

"그림이 시보다 어렵지 않아?"
"시작했으니 졸리 그림은 완성해야지."
 나를 만나기 전부터 시를 좋아했다는 그는 시를 쓰는 사람이다. 시인이라면 책을 읽는 모습이 더 어울릴 것 같았고 평생 글만 쓰며 살 줄 알았다. 그런데 졸리에게 빠지더니 뚫어지게 보고 또 몰두해서 그리기만 한다. 서운한 마음을 담아 질투 섞인 말을 건네보아도, 그는 스케치북만 쳐다보며 반응이 없다. 그런데 그 모습이 이상하게도 싫지 않다. 솔직히 보기 좋았다. 어울리지 않을 거라는 내 편견은 완전히 빗나갔고, 오히려 은근히 잘 어울렸다.
 그는 사진 속의 그녀에 대한 예의만은 지키겠다고 다짐하며, 고혹한 눈빛과 매력적인 입술에 연필로 흔적을 남기는 동작을 쉼 없이 이어간다. 오래전부터 하고 싶었던 그 꿈을 순간순간 온몸으로 느끼면서. 닮지 않았다는 시선을 보낸다 해도 오로지 자신이 그린 여인을 흡족하게 바라볼 것이다.

빈집인데 맛집입니다

주인 **행세**를 톡톡히 해 주는 덕분에

시골집은 예전 그대로의 모습을 간직한 채

잘 버티고 있다.

사료는 미리 택배로 주문했으니 벌써 도착했을 것이다. 마트에 들르기만 하면 된다. 하루나 이틀 정도밖에 머물지 않아도 필요한 것이 의외로 많다. 먹을 음식부터 커피, 벌레 기피제, 일장갑, 휴지 등. 집으로 들어가는 길은 아름드리 소나무와 아까시나무들이 자리를 잡아 깊은 터널을 만들었다. 시원하게 펼쳐진 논과 밭을 지나면 멀리 기와집이 보인다.

시골집은 엄마가 아파트로 간 후로 아무도 살지 않는다. 빈집이라는 생각은 내 생각일 뿐 자세히 들여다보면 부산스럽게 들락거리는 이들이 많아졌다. 주인 행세를 하듯 마당이며 수돗가와 처마 밑까지 자신들의 영역을 알리는 흔적을 남긴다. 아마도 집주인의 존재 여부를 이미 알고 있는 눈치다.

처마 밑에 길고양이들이 자리 잡으면 눈치 빠른 들쥐들이 틈을 노리며 주변을 맴돈다. 마당에는 이름 모를 풀들이 진을 치고 하루가 다르게 영토를 넓힌다. 기와 사이사이로 참새가 터를 잡고 물까치들은 지붕 위에서 뻐꾸기는 전깃줄에서 운다. 가끔 들르는 손님도 빼놓을 수 없는데 겁이 많은 고라니, 손바닥만한 두꺼비와 뱀까지 나타나 주인 행세를 한다.

그중에 가장 주인다운 분위기를 풍기는 녀석은 아무래도

길고양이다. 우리가 일주일마다 꼬박꼬박 시골집에 가는 이유도 고양이 때문이다. 지금은 두 마리만 남았지만 얼마 전까지만 해도 다섯 마리였다. 짐작건대 세 마리는 집을 나간 것으로 보인다. 치즈냥이로 불리는 생김새를 가졌는데 멀리서 보면 쌍둥이처럼 똑같이 생겼다. 그나마 얼굴에 점이 있다고 '점순이'로, 경계심이 무척 심해 '동글이'라고 부르며 구별한다.

  이 녀석들의 어미의 어미의 어미도 길고양이다. '삼색이'는 시골 출신이 아니라 나름은 도시 출신으로 윤기 나는 털과 자유분방한 성격을 지녔다. 버려진 삼색이를 데리고 온 우리 가족은 일부러 사료를 챙기며 시골집을 오래전부터 드나들었다. 그래도 길고양이는 집 밖에서 살기 때문에 사람과 거리를 둔다. 2미터 이상으로 멀리하고 곁을 주지 않는다. 야박하다고 탓할 수 없는 게 고양이로서는 우리가 외지인이었을 뿐 주인이 아니다. 삼색이는 집 주변 야산을 전부 자기 영역으로 만들더니 매일 어디론가 마실 가거나 다람쥐처럼 감나무에서 소나무로 날아다니듯 날쌔게 돌아다녔다.

  삼색이 후손답게 점순이와 동글이도 재빠르고 날렵하다. 넓은 집주변을 어슬렁거리다가 일주일마다 내가 나타나면 어디론가 쏜살같이 도망간다. 먹이를 주던 집주인(아파트로 이사한 엄마)이 보이지 않아서일까? 경계하는 눈빛만 남고, 윤기 흐르던 털은 볼품없이 빠져 초라하기만 하다. 이러다가 모두 떠나는 것은 아닌지 걱정이 되었다.

시골에 남겨진 고양이가 걱정된다고 하자 사람들은 별걱정을 다한다며 그냥 두라고 말한다. 알아서들 떠난다고. 길고양이들은 챙겨주는 사람이 없으면 다른 곳으로 살기 위해 간다고 한다. 버티지 못하면 떠나는 게 당연한데도 나는 가지 않기를 바랐다.

집은 사람이 살지 않으면 금세 못쓰게 된다. 생명의 흔적이 보이지 않으면 다른 생명체들이 서로 사투를 벌이며 차지하려고 한다. 시골집 주변의 수많은 풀과 동물들은 벌써 그걸 준비하는 것 같다. 그래서 더욱 고양이가 떠나지 않기를 바랐다. 틈틈이 집안을 노리는 들쥐들의 행동은 점점 대범해질 것이고 반갑지 않은 손님들마저 호시탐탐 염탐하며 자기 영역으로 만들 기회를 엿보고 있다. 묘안이 필요하던 중에 자동 급식기가 있다는 것을 알게 되었고 다행히 지인으로부터 자동 급식기 2대를 얻었다.

"벌써 다 먹었네!" 급식기는 매번 갈 때마다 한 톨도 남지 않고 텅 비어있었다. 할 수 없이 또 한 대를 추가해 가득가득 먹이로 채워도 언제나 빈 그릇이다. 이웃 손님들까지 다 와서 먹고 가는 '맛집'으로 소문이라도 난 걸까? 오갈 데 없는 이 근방의 고양이들과 다른 손님들에게 소식이 전해졌는지 모르겠다. 그런 입소문마저 싫지 않았다.

사람들은 고양이를 붙잡으면서까지 집을 지키려는 이유가 무엇인지 물었다. 처음에는 야산에 터를 잡아 손수 흙벽을 쌓고 기와를 올린 부모님 때문이라고 대답했다. 하지만 다른 이유도 따로 있었다. 꼬리를 치며 마중 나오던 메리, 평상에 누워 보던 밤하늘의 은하수와 별자리들, 그리고 영화 속 당당한 배우를 보며 시골 소녀가 꿈꿨던 커리어우먼의 모습. 이런 것들이 그곳에 여전히 남아있기 때문이다.

시골집에 가면 마음이 편하다. 그곳은 항상 나를 있는 그대로 대해 준다. 소나무 사이로 스치는 송진 향, 온종일 들어도 질리지 않는 박새와 검은등뻐꾸기 소리, 그리고 쑥부쟁이와 구절초가 여기저기 자라는 것만 구경해도 좋다. 어쩌면 이 집은 지금의 나를 만든 살아있는 존재와 같다는 느낌이다. 그곳에 살지 않았다면 나는 전혀 다른 사람이 되었을지도 모른다.

사료의 양이 생각보다 많이 들어 걱정이 되긴 하지만 괜찮다. 들쥐나 뱀으로부터 집을 지켜주는 수고비라고 생각하니 아깝지 않다. 오히려 고마울 따름이다. 주인 행세를 톡톡히 해주는 덕분에 시골집은 예전 그대로의 모습을 간직한 채 잘 버티고 있다. 그런데 생각하면 할수록 입장이 묘해진다. 매주 한 번씩 먹이를 주러 가는 우리는 '어쩌다 주인'일 뿐, '진정한 집주인'은 따로 있다는 느낌이다.

왓왓왓이라고?

어느 날부터 남자에게

새로운 **대화상대**가 생겼다.

무조건 말을 거는 버릇은 여전한데

익숙하지 않은 소리다.

그는 산책을 좋아한다. 아파트 건너편의 야트막한 산자락에 낀 시골과 그 주변 길을 좋아한다. 집을 나서는 시각은 하루를 마치고 해가 질 무렵이다. 시끄러운 4차선을 벗어난 한적한 길에 이르면 흥얼거리는 그의 노래가 조금씩 들린다. 경쾌하게 움직이는 걸음에서 나이보다 젊은 활기가 느껴진다. 도심을 나가는 길은 여러 갈래지만 그의 목적지는 좁은 길 쪽이다. 망설이지 않고 그 길을 선택한 이유는 친구가 기다리기 때문이란다.

가장 먼저 만나는 친구는 길고양이다. 동네 카페 '가비'를 지나 모퉁이가 나타나면 어김없이 보이는 존재들. 대여섯 마리가 어두운 거리에서 어슬렁거린다. 가로등이 없어 잘 보이지 않아도 남자의 레이더망에 모두 걸려들고 만다. 자동차 밑에 두 마리, 바닥에 바짝 엎드려 있는 검은 고양이, 먹이통 근처에서 쫑긋 귀를 세우는 두세 마리까지 귀신같이 찾아내고 말을 건넨다.

"야옹아, 안녕!"

"까망씨, 오늘도 바닥에 늘어져 주무시는군."

"얘들아, 아직 엄마(먹이주는 사람)가 안 왔어?"

무조건 대화를 시도하는 그의 인사법에 다행히 "이야옹" 하는 고양이도 있지만 슬그머니 자리를 뜨거나 모른 척하는 일이 대부분이다. 때로는 눈맞춤을 시도하고 어느 때는 직접 악수라도 나누고 싶은 것인지 냅다 들이대는 편이다. 괜찮은 표정으로 반기기도 하지만 그의 손길을 피해 풀숲으로 잽싸게 피하는 모습을 흔하게 볼 수 있다.

시골 동네에 새 아스팔트 길이 생겼다. 윗동네 아랫동네 사이로 난 도로 때문에 둘로 나뉜 느낌이다. 느긋하게 걷던 예전의 산책길이 '쌩'하고 달리는 자동차들로 긴장감이 감돈다. 있는 듯 없는 듯했던 길가의 '그린식당'은 이제 맛집으로 소문이 나 사람들로 북적거린다. 식당 맞은 편의 오래된 주택에 친구가 있다고 한다.

"퉁퉁아, 안녕!"

토실토실한 하얀 개는 꼬리를 흔들며 반긴다. 순수 혈통의 진돗개는 아니지만 순하고 영리하게 생겼다. 처음에 둘은 우연히 지나다 눈이 마주쳤다고 한다. 그를 보는 퉁퉁이의 고요한 눈빛이 마음에 들어 이내 "안녕!"이라고 말을 걸었단다. 자신의 존재를 알아주는 사람이 드물었는지 아니면 마음에 드는 사람이라 좋았는지 퉁퉁이의 반응 또한 나쁘지 않았던 모양이다.

퉁퉁이의 진짜 이름은 알 수 없지만 그가 부르면 온몸과 꼬리까지 신나게 흔든다. 이제는 남자와 퉁퉁이 둘 다 누가 먼저랄 것 없이 반가워하는 데 좀 소란스럽다. 이런 둘의 케미를 주인이 본다면 틀림없이 오해할 것이다. 혹시 도둑으로 몰리면 어쩌려고.

통퉁이 집을 지나 언덕을 오르면 본격적인 시골길이다. 띄엄띄엄 집이 보이고 집을 따라 자연스레 꼬불꼬불하다. 소나무와 뽕나무들이 옹기종기 야산과 길옆을 에워싸며 서 있다. 주변이 산으로 둘러쌓인 기와집에 다다르면 남자는 누군가를 기다리듯 두리번거린다. 오래된 친구를 찾는 중이다. 이름도 특이한 '커피'. 새까만 털이 온몸을 덮었는데 가슴에만 턱시도 모양의 흰털이 박힌 길고양이다. 마치 지팡이 대신 꼬리를 흔들며 느긋하게 걷는 영국 신사와 비슷하게 생겼다. 사람을 잘 따르고 애교가 많아 발길을 멈추게 만든다.

둘은 처음부터 서로에게 반한 모양이다. 만나면 참 눈꼴사납다. "커피야!" 이름을 부르는 그에게 다짜고짜 배부터 드러내며 인사하는 커피. 둘은 서로의 손길을 거부하지 않고 사랑스럽게 만지고 몸을 비빈다. 오래된 친구같이 이것저것 물으며 한참을 매만지며 얘기한다. 그래서 그를 커피 주인이라고 착각하는 사람이 있을 정도다. 아메리카노를 좋아해서 하루 3잔 이상을 마신다는 그 사람. 어쩌면 커피를 자꾸 찾는 이유가 '커피' 생각이 나서 그런 것은 아닐까.

성격이 어찌나 능구렁이 같은지 근방의 시골집에 일단 들어가면 자기 집처럼 사는 것 같다. "얘는 즈이집도 아니면서 이럽니다." 천연덕스럽게 자기 집인 양 마당에 누워있길래 아는 척을 했더니 그 시골집 주인도 어이없다는 듯 이렇게 말한다. 그런데도 집주인들이 쫓아내지 않는 걸 보면 녀석만의 노하우가 있는 것 같다.

"커피야, 어디 갔다 오는 길이야?"

자신에게 하는 말인 줄 알고 커피는 신기하게 남자에게 다가온다. 바짓가랑이 사이를 오가고 '그릉그릉' 소리를 내며 몸을 비빈다.

"커피야, 절미는 요즘 안 보이는데 어디 갔어?"

"야미옹 미옹."

절미는 기와집과 멀찍이 떨어진 이웃집 개 이름이다. 다리가 짧고 납작해서 인절미라고 지었는데 인씨 성을 가진 주인이 '절미'라고 불렀다. '닥스훈트' 종으로 남자에게는 특별한 친구다. 영리하기로는 '통통이'에 버금가고 격렬하게 반길 정도로 자신을 따라서 정이 들었단다. 남자가 부르는 소리만 들어도 개집을 나와 달려올 정도다. 통통이가 목줄에

묶여있어 멀리서 바라본다면 절미와는 터럭이 날릴 정도로 부둥켜안고 반가워한다. 그런 절미가 보이지 않는다며 커피에게 묻는 모양이다. 이유를 들은 것인지 알 수 없지만 절미가 보이지 않는 그 길이 이제는 싫어졌단다.

"이쁜아, 안녕?"
"여전히 회색 눈이 이쁘네."
"모른 척하지 말고 이제는 꼬리 좀 흔들어 봐!"
 이쁜이 집은 사방이 창살이다. 감옥이나 다름없는 집에 사는 개라 불쌍해서 지나칠 수 없단다. 제대로 움직이지 못할 정도의 작은 공간에서 거의 평생을 살아온 듯하다. 근처만 지나가도 무섭게 달려들어 짖기 때문에 사람들에게는 접근 금지 구역으로 알려졌다. 처음에 그도 깜짝 놀랐다. 그러다가 호기심이 발동해 슬쩍슬쩍 이름을 부르기 시작했는데 알아듣는 느낌이란다. 물론 이름도 그가 지은 것이다. 다정스럽게 부르다 보면 언젠가 자신의 마음이 전해질 거라나.
 이제는 친구답게 사나운 표정은 내려놓았고 가끔은 꼬리도 흔든다며 자랑한다. 그렇지만 이쁜이는 반가운 기색이 전혀 없다. "제발 꼬리 좀 흔들어봐!"라고 부탁해도 까칠하기 그지없다. 여전히 생까는 이쁜이다.

어느 날부터 남자에게 새로운 대화상대가 생겼다. 무조건 말을 거는 버릇은 여전한데 익숙하지 않은 소리다. '왓왓왓'이라고 말한다. 그렇게 이야기하는 동물은 이제껏 없었기에 "이번엔 누구에게 하는 거야?"라고 물었다. 산책하는 이들만 지나갈 뿐 주변은 논이 펼쳐진 천변길이라 대화상대라고 생각되는 동물이 보이지 않았다. 딱히 누굴 바라보지도 않으면서 잘 들어보라고만 말한다. 아무리 들어봐도 물이 가득한 논에서 '개굴개굴' 소리밖에는 들리지 않는다. 설마 개구리라고?

"왓?왓?왓?" 계속 물어오기에 자신도 "what? what? what?"이라고 대답하는 중이란다. 한두 마리도 아닌 수많은 그들의 질문이 안 들리냐고 오히려 묻는다. 정말 엉뚱한 남자일세!

"잘 들어봐. 두 음절이 아니라 한 음절이지?"
"어! 개굴개굴은 아니네."
"그렇지! 자꾸 물어보고 있어. 왓?왓?왓?"
"당신은 쟤들과 이야기하는 게 즐거운가 봐?"
"쟤들은 거짓말 안 하잖아."
"진짜로 알아듣고 말을 거는 건 아니지?"

며칠 후 산책길에서 또다시 "왓왓왓" 대화가 오간다. 그들의 물음을 외면할 수 없어 이제는 대답할 때가 되었다고 한다. 그리고 자신이 쓴 시 한 편을 내게 보여준다.

왓? 왓? 왓?

침몰된 진실이 무어냐는 물음처럼
개구리 울음소리가 송곳보다 예리하다
왓왓왓 왓왓왓왓왓 왓왓왓왓 왓왓왓

향기 뽐낼 틈도 없이 꽃잎으로 떨어진
그날의 꽃송이들이 what? what?
피 끓는 물음이었다 what? 왓?왓?왓?

왓왓왓왓왓왓왓왓왓왓왓왓왓왓왓…
드릴로 어둠을 뚫는 듯한 울음소리가
진실을 묻고 또 묻는다 눈감은 우릴 향해

—고완수, 『그리움의 지문』에서

욕심을 내면 힘들어

난 조용한 것도 좋지만

그들이 **들르는** 마당이라야 더 마음에 든다.

목적지는 그날따라 혼잡했다. 변두리 외곽부터 시장 입구까지 사람들로 북적였다. 트럭 근처는 구경하는 인파로 이른 시각부터 발 디딜 틈이 없었다. 가는 날이 장날이라고 하더니 혹시 오일장인가? 날짜를 헤아려 따져보니 운수 좋게 장날이었다. 좀 더 걸어 도착한 낡고 오래된 가게 앞에는 사람보다 부지런한 모종들이 이미 자리를 잡고 있었다. 가게 안을 채우고도 모자라 골목길을 메우고 있었다.

"이건 호박이고, 저건 틀림없이 토란이야!" 나는 아는 친구를 만나듯 그들의 이름을 부르고 손으로 가리켰다. 그런 나를 따라오던 남편이 헷갈린다며 재차 모종의 이름을 물었다. 생선 이름을 내가 혼동하는 것처럼 바닷가에서 자란 그 역시 호박과 오이를 엇갈려 가리킨다. 호박! 토란! 오이! 그가 그들의 이름을 부를 때마다 전에 느끼지 못하던 호박이 토란이 그리고 오이가 새롭게 느껴진다. 그것은 마트에 진열된 단순한 먹거리가 아닌 새로운 존재 같았다.

가게 앞은 일찍부터 모종을 사려는 사람들로 붐볐다. 허름한 가게 유리창에 비친 남편과 나는 청바지를 입고 신이 난 표정이다. 모종뿐만 아니라 농기구와 비료 등이 안쪽에 진열되어 있어 간판을 보니 의외로 농약사였다. 만물상점처럼 농사에 필요한 것들이 없는 것 빼고 다 있었다. 우리가 뻘쭘하게 둘러만 보고 서성거리자 상냥해 보이는 주인이 먼저 아는 체를 했다.

"사장님, 상추하고 쑥갓, 그리고 아삭이고추 좀 주세요."
"땅이 몇 평 정도 돼요?"
"소꿉놀이하는 정도입니다."

살짝 웃으며 모종을 같이 고르고 키우는 법도 알려주었다. 예상대로 주인은 친절했다. 그리고 입은 옷이 눈에 거슬렸는지 아니면 필요할 것이라고 짐작했는지 넌지시 어느 가게를 알려 주었다. 친절하면서 눈치까지 빠르다. 물론 우리는 주인장의 조언에 따라 모자와 몸뻬 등을 샀다.

놀이터는 한적한 장소이지만, 그렇다고 전망이 좋은 곳은 아니다. 비좁고 풀만 무성한 시골집 마당이다. 밭 대신 마당을 놀이터로 삼은 우리는 풀부터 뽑느라 심기도 전에 지쳤다. 정작 채소를 키우려면 토질이 중요한 데 우리는 그것을 간과했다. 딱딱하고 메마른 데다, 물 빠짐도 좋지 않아 보였다. 할 수 없다며 우선 삽과 쇠스랑부터 가져오는 남편, 바다에서 수영하며 놀던 실력이 전부라 영 미덥지 않았다. 그런데 이게 어찌 된 걸까. 쇠스랑을 번쩍 들어 흙을 파기 시작하는데, 딱딱한 땅이 덩어리째 올라와 소똥처럼 일렬로 떨어졌다. 초보치고는 꽤 제대로 일구는 것 같았다.

생각지도 못한 솜씨를 발휘한 걸까. 무딘 땅을 금세 두툼한 밭두렁으로 만들고는 흡족한 듯 자신이 만든 놀이터를 토닥였다. 마치 소꿉놀이에 재미를 붙인 소년 같았다. "바로 이곳에 상추와 고추를 심을 거야!"

검은 비닐을 깔면 풀이 자라지 않는다고 들었다. 우린 양쪽에서 비닐을 붙잡으며 땅에 옷을 입히듯 씌웠다. 그리고 단추를 채우듯 양쪽 끝에만 흙을 덮었더니 제법 작물을 키우는 모양새며 밭고랑 티가 났다. 비닐에 구멍을 뚫고 귀여운 아기 모종을 꺼내어 조심스럽게 옮겨 심었다. 뻐근한 허리와 저린 다리를 참으며 모종 심기를 끝냈다. 일을 마친 수고를 서로 칭찬했다. 그러던 중 동물의 흔적으로 보이는 자국을 발견했다. 틀림없이 고라니 발자국이다.

잘 모르던 시절에는 사슴이라고 불렀다. 발 빠르게 펄쩍펄쩍 지나가는 모습만으로도 반가웠고, 밭농사를 망칠 거라고는 상상하지 못할 정도로 생김새도 순하다. 그러다가 밭농사를 엉망으로 만든 현장 앞에서 그들의 두 얼굴을 보았다. "몹쓸 것들. 다시 오기만 해봐라!" 밭주인은 한숨과 화를 쏟으며 자신의 밭에 그물망을 빙 둘러쳤다. 그런 일이 없었음에도 우리는 방금 심은 채소를 훔치는 도둑으로 고라니를 몰아세웠다. 의심이 자라더니 금방이라도 들이닥칠 것처럼 느껴졌다. 결국 우리는 서둘러 기둥을 박고 울타리를 쳤다.

이런 장면을 예견이라도 한 걸까. 시장에서 만난 아저씨의 말이 떠올랐다. 발자국만 보았을 뿐인데, 마치 우리가 뺏기지 않으려고 애쓰는 모습을 미리 알아챈 것만 같다. 그는 농약사에서 모종을 구경할 때 만난 사람이다. 우리가 이것저것 묻자, 바쁜 주인을 대신해 여러 가지를 세세하게 알려주었다. 그리고 초보 시절 심었던 토마토는 먹지도 못하고 전부 버려야 했다며, 모종을 너무 많이 사지 말라고 조언했다. 처음 심는 데다 욕심까지 부리는 모습이 걱정스러웠던 모양이다. 할 수 없이 넉넉한 게 좋다며 있는 대로 담았다가 다시 덜어내고 5개씩만 담았다.

"먹을 만하면 따먹고, 병이 들어 못 먹으면 어쩔 수 없다고 생각혀.

"너무 욕심을 내면 힘만 들어."

다시 찾은 놀이터는 풀이 올라오기는 해도 고라니 흔적은 보이지 않았다. 대신 비바람을 견디지 못한 울타리 노끈이 실타래처럼 풀어져 길게 흩날렸다. 울타리 사방에서 나풀거리며 아무도 들어오지 못하도록 경계하듯 온종일 펄럭거린다. 조용하고 한적한 곳과 전혀 어울리지 않는 그 광경이 보면 볼수록 흉측했다. 겁이 많은 고라니라면 틀림없이 기겁하고 도망쳤을 것이다. 놀이터는 그렇게 바람만 실컷 놀다간 모양이다. 난 조용한 것도 좋지만, 가끔은 그들이 들르는 마당이라야 더 마음에 든다.

찾은 보물, 먹었습니다

오전 내내 허리를 굽혀 일한 대가로 받은

녹색병은 박스 안에서 빛이 났다.

우리 부부는 고향의 빈집을 자주 오간다. 아무도 살지 않는 집을 돌보기 위해서다. 빈집은 온갖 잡동사니로 가득하다. 정리해도 끝이 보이지 않을 정도로 많다. 처음에는 까마득했다. 청소업체를 부르는 간단한 방법도 생각해 보았다. 하지만 우리는 보물을 찾듯 하나씩 정리하며 버리기로 했다. 그 과정에서 뜻밖의 소중한 것과 마주하기도 하지만 외면하고 싶을 정도로 보기 싫은 것도 있다.

치운 만큼 조금씩 빈자리가 보였다. 문제는 1년 동안 윗방에 놓여있던 자루다(이사하면서 엄마가 당부한 5자루). 겨울이 지나도록 아무도 건드는 이가 없다. 궁금해도 열어보지 않았다. 그 방은 한겨울에 불을 때도 냉방이었기 때문이다. 해가 바뀌고 4월이 되어서야 자루의 정체를 알게 되었다.

우리는 동네 방앗간을 찾아갔다. 칠이 벗겨진 간판, 한눈에 봐도 낡은 기계들, 빻고 분쇄하는 설비들이 가게의 내력을 보여주었다. 그리고 단박에 영업 중임을 알 수 있었다. 입구 수돗가에 물기 묻은 빨간 고무대야와 소쿠리가 같이 쌓여있었기 때문이다. 헛걸음치지 않아 다행이라는 생각에 주인을 찾았다. 엄마는 젊은 주인 양반이 있을 거라고 알려주었다. 하지만 정작 나온 사람은 칠십이 넘은 젊은(?) 주인이었다.

주인아주머니는 붉은색 대야를 가리키며 먼저 깨 자루를 부으라고 했다. 남편과 나는 자루 중 가장 무거운 들깨를 먼저 부었다. 주인은 쌀을 씻듯이 들깨를 씻었다. 밥을 하기 위해 조리로 쌀을 일어 돌과 부스러기를 가려내는 방법과 비슷하다. 특이하다면 손잡이가 달린 커다란 스텐 체망으로 깨를 일었다.

"이렇게 하면 돼요. 한번 해봐요!"

"이걸, 우리가요?"

"그럼, 손님이 해야지요."

우리는 얼굴을 보며 망설였다. 때마침 남편은 손목을 깁스했고 나는 일에 젬병이다. 그래서 방앗간에 올 때부터 공임비를 주고 기름만 가져갈 생각이었다. 무턱대고 깨부터 가져오는 게 아닌데. 그렇다고 다섯 자루나 되는 깨를 다시 가져갈 수는 없었다. 나는 쭈그려 앉아 손으로 이리저리 휘저으며 깨를 씻었다. 쌀보다 크기가 작고 가벼운 깨는 가라앉지 않고 휘젓는 대로 둥둥 떠다니며 빙빙 돌았다. 일일이 손으로 잡는 건 불가능해서 조금 전에 주인이 하던 방법을 따라 했다. 스텐 체망을 이용해 대야 속에 물결을 일으키고 떠오른 깨를 건져냈다, 열 번도 넘게.

"이번에는 내가 해볼게."

어설프게 일하는 내 모습이 답답했는가 보다. 남편의 제안이 너무 반가웠다. 냉큼 그러겠다며 일어서다가 균형을 잃고 뒤뚱거렸다. 하마터면 씻은 참깨를 바닥에 다 쏟을 뻔했다. 조금씩 요령이 생긴 우리는 이물질이 나오지 않을 때까지 반복해서 씻고 또 씻었다. 쭈그려 눌려 있던 다리는 감전이라도 된 듯 저렸다.

주인은 그런 우리가 어설프고 웃겼는지 아니면 요령 피우지 않고 잘 해내고 있어 기특한 것인지 모를 시선으로 쳐다봤다. 그의 눈과 몇 번이나 마주치다 그의 얼굴에서 아주 익숙한 모습이 떠올랐다. 고단한 노동의 흔적, 고된 일에 지쳐도 자식이라면 다 감내하는.

깨끗해진 들깨를 주인은 가마솥처럼 생긴 기계에 넣고 볶는다. 그러자 흰 연기가 뭉글뭉글 나더니 타는 냄새와 함께 방앗간을 삼킬 듯이 피어올랐다. 이번에는 볶은 깨를 둥근 솥에 넣고 무거운 기계로 내리눌렀다. 드디어 걸쭉해진 노란 기름이 조르륵 그릇에 떨어졌다. 우리는 귀한 보물을 바라보듯 그릇에 담기는 기름을 뚫어지게 쳐다보았다.

"플라스틱 빈 병은 공짠데 거기에 담을까요?"

"아뇨. 다른 병은 없어요?"

"개당 500원짜리 기름병이 있어요."하며 녹색병을 보여주었다.

"거기에 담아 주세요."

그동안 엄마는 빈 소주병을 씻어 그곳에 기름을 담아 주셨다. 녹색병이 방앗간에 박스로 쌓여있었다. 아마도 녹색병은 기름을 넣는 용도로 판매하는 것 같았다.

고소한 향이 삽시간에 가게 안을 점령하듯 퍼져나갔다. 개당 500원인 녹색병에는 250ml 소주가 아닌 노르스름한 들기름이 가득하다. 연이어 참기름까지 담았더니 29병이나 되었다. 동생들과 나눠 먹어도 충분할 정도다. 난 만족감에 들떠 가뿐함마저 느꼈다. 버거웠던 일을 마무리하는 기분이었다. 오전 내내 허리를 굽혀 일한 대가로 받은 녹색병은 박스 안에서 빛이 났다.

엄마 허리가 구부러진 것은 어쩌면 이것 때문일지 모르겠다. 그동안 편하게 얻어먹던 소주병 개수에 비례한 만큼 해마다 몸이 작아지고 구부러지는 것을 몰랐다니. 기름 냄새가 코끝에 닿을 때마다 기쁘면서도 가슴은 뭉클했다.

잃어버린 집에게

글을 쓰는 내내 마음은

그 집에서 다시 살고 있었다.

결혼하고 세 번째 집은 욕심을 부렸다. 큰아이가 태어난 지 얼마 되지 않았으니, 방은 두 개 정도 필요하고 직장과의 거리가 멀지 않기를 원했다. 때마침 건축업을 하는 사람이 새로운 공법으로 집을 지었다며 입주를 권유했다. 방 두 개에 주방 겸 거실도 있었다. 직장이 그리 멀지 않다는 점까지 마음에 들었다. 우리 부부는 이사를 서둘렀고, 그 건물의 첫 번째 입주민이 되었다.

이사하던 날, 이삿짐 직원이 옷장을 옮기며 한숨지었다. 겨우 균형을 잡은 그들은 평평하지 않은 방바닥이 문제라고 말하며 나를 쳐다보았다. 옷장을 바로잡으려 애쓰는 그의 얼굴에서 걱정이 묻어났다. 새 건물이라고는 하지만 시멘트 냄새가 역하게 올라왔다. 무엇보다 화장실 수돗물이 잘 나오지 않아 애를 먹었다. 입주할 만하다는 말을 믿고 들어갔는데 2층은 아직 공사 중이었다.

집은 도심에서 벗어난 변두리에 있었다. 시골 마을과 어울리지 않는, 그때만 해도 생소한 철골 구조물로 지은 2층 건물이다. 지금은 철골 집을 어디서든 볼 수 있지만 그때만 해도 그런 다세대 건물은 흔하지 않았다. 각 층에 다섯 가구씩 총 열 가구로 지어진 작지 않은 규모여서 마을 사람들도 처음에는 공장이 들어선 줄 알았다고 한다. 시내에서 멀지 않은 곳이고 비싸지 않았던 전세 금액이라 빈집은 금세 채워졌다. 연립주택도 아파트도 아닌 가설물 같은 주택에 전세로 들어온 걸 보면 입주민들의 경제적 여건은 그만그만했다.

 이웃들과 친해지는 데는 오랜 시간이 걸리지 않았다. 비슷한 처지로 들어온 사정을 알기에 바쁠 때는 아이를 봐주고 음식도 나누었다. 넓지 않아도 마당까지 있었다. 아이들이 노는 장소이면서 어른들의 대화 장소로 쓰일 만큼 요긴했다. 층간소음이나 주차 문제로 건조해진 요즘의 아파트 생활을 생각하면 2층 주택 주민들은 그래도 훈훈했다. 이웃이 늘어나면서 난 집이 전보다 든든했다.

 다만, 그 집은 아이를 키우기에 불편했다. 마트는 물론이고 작은 가게조차 없는 마을이었다. 전세 기간인 2년을 마친 후, 다음 집은 여기보다 나은 곳으로 옮기고 싶었다. 아마 이웃들도 비슷한 바람을 가졌을 것이다. 그러나 우리는 약속된 2년을 채우지 못했다.

 낯선 이들이 2층 주택을 찾아왔다. 은행 직원의 갑작스러운 방문은 참담하고 허탈했다. 103호 할머니는 문을 열며

들으라는 듯이 마구 욕을 쏟아냈다. 처음엔 보이지 않는 집주인을 향해, 나중에는 아무나 붙들고 억울해서 어찌 사냐고 지칠 때까지 가쁜 숨을 뿜어냈다. 그러나 아무도 말리지 않았다. 우리도 별반 다르지 않은 심정이었기 때문이다. 건물주가 소리소문없이 사라졌다고 한다. 정확히 말하면 부도를 내고 몰래 도망갔다. 전세금이 거의 전 재산에 해당할 정도로 가난한 이들의 억울함을 아무도 풀어 줄 수 없었다. 건물주를 아무리 원망하고 욕을 해도 법적으로 소용이 없었다.

대책 회의가 열렸다. 논의 끝에 나온 방법은 공동명의. 당장에 나가지 않아도 된다는 기대로 한마음이 되었다. 누군가는 도시 외곽인 이곳이 곧 개발 지역이 될 거라고 말했다. 구체적인 근거와 자료는 없지만 그런 흔적을 여기저기서 찾았고 우리는 희망에 부풀었다. 그렇게 세입자들은 건물을 공동명의로 매입하자는 의견에 모두 찬성하였다. 개발이익까지 챙기면 전세금을 회수하고도 남을 수 있다는 기대가 어제의 한숨을 웃음으로 돌려놓았다.

행복한 결말을 기대하며 합의한 계획이 점차 삐거덕거렸다. 꿈에서 깨어나는 데는 그리 오래 걸리지 않았다. 공동명의는 복잡한 절차가 요구되는 일이며 모든 이들의 신뢰와 믿음이 필요했다. 특히 부동산과 건축물을 매입하는 방법으로 구체적인 금액을 정하는 회의에서 의견이 갈렸다. 한껏 기대에 부푼 우리는 현실적인 문제를 풀지 못하고 갈등 앞에서 허우적거렸다.

급기야 포기하겠다는 이웃이 생겼다. 우리 부부는 그들을 보내기가 아쉬웠다. 그들은 객관적이었고, 대화가 잘 통했기 때문이다. "그러지 말고 이제라도 빨리 떠나세요. 이건 쉽지 않을 거예요."라는 말을 남기고 미안하다며 떠났다.

그 이웃의 예상은 맞았던 걸까. 한때 이상적인 주택을 꿈꾸며 다가올 개발에 대한 희망을 품었던 입주민들은 차츰 단념하기 시작했다. 돌이켜보면, 매입할 돈이 부족했던 것이 가장 큰 이유였을 것이다. 전세금을 돌려받지 못한 채, 이웃들은 하나둘씩 떠나갔다.

전셋집이 은행으로 넘어가는 일은 우리나라 부동산 시장에서 자주 발생하는 문제다. 뉴스를 통해 전세 사기를 당했다는 소식을 심심찮게 듣는다. 젊었던 그 시절, 우리 부부도 빈집을 구하지 못해 변두리로 밀려 나갈 정도로 돈이 부족했다. 그래서 전 재산이나 다름없던 집을 잃은 젊은 세입자들의 억울한 사연을 들을 때마다 남 일 같지 않다. 견디다 못해 목숨을 끊었다는 이야기를 들으면 할 말을 잃는다. 이는 결코 가볍게 넘길 수 없는 사건이다. 서민들에게 집이 주는 무게감은 생각보다 크다. 그래서 단순히 물리적 공간을 잃는 것이 아니라, 그 공간에 담긴 기억, 안전, 소속감 등을 잃으며 깊은 상실감에 빠지게 된다.

예상은 했어도 그렇게 빨리 마을이 사라질 줄은 몰랐다. 모두가 떠난 후 그 일대는 도시 개발 구역으로 지정되었다. 아파트단지가 들어서고 이내 시청과 상가건물이 우후죽순처럼 여기저기 들어섰다. 같이 일하던 직장 동료는 "왜 이사했어? 가만히만 있었어도 대박이 났을 텐데"라며 내 속도 모르고 안타까워했다.

수년 후, 친구가 새로 이사한 집으로 나를 초대했다. 놀랍게도 그 집은 내가 떠났던 마을에 지어진 아파트였다. 방문하는 날, 나는 그 주변을 한동안 서성거렸다. 기억 속에는 이곳 어딘가에 2층짜리 단독주택들과 마을 길을 따라 늘어선 논과 밭, 그리고 기와집들이 있었다. 하지만 지금의 모습은 너무나 달라져 있어서 예전의 흔적을 찾기 어려웠다. 분명 내가 살았던 곳임에도, 이제는 완전히 낯선 풍경이었다.

2층 주택은 다음 입주민을 맞이하지 못한 채 흔적 없이 사라졌다. 친구네 아파트에서 애써 그 집을 찾은 이유는 잘 모르겠다. 그리움 때문일까, 아니면 추억 때문일까? 방 두 개짜리 소박한 꿈을 처음 이뤘던 곳, 큰아이가 첫발을 뗐던 마당이 있는 집. 그런 의미가 나를 이끌었는지는 모르겠다.

집은 생각보다 복잡한 존재다. 그 공간에 대해 글을 쓰는 동안 나는 마치 그 시절로 돌아간 듯한 기분이 들었다. 글을 쓰는 내내 마음은 그 집에서 다시 살고 있었다. 건물은 사라졌어도 그곳에서의 기억들이 여전히 선명했기에 가능했다.

2부
교실 안과 밖의 풍경

민이의 감정 버튼
FM 같은 사람
마지막 교실
놀이터 풍경화
그의 트레이드마크
30년을 정리 중입니다
백년손님의 손맛

민이의 감정 버튼

감정이라는 **버튼**이

가장 먼저 알아채고 누르는 것 같다.

그날 민이도 그랬을 거다.

"Stary stary night Paint your palette blue and gray"

돈 맥클린(Don McLean)의 빈센트(Vincent)는 다시 들어도 우울하면서 감미롭다. 색으로 표현하면 검푸른색 느낌이다.

교실에서 편지를 읽었다. 편지는 서울로 전학을 간 민이가 보낸 것이다. 낯선 학교에 적응하는 게 어려웠는데 지금은 괜찮아졌다는 이야기로 시작한다. 같이 공부한 교실과 친구들 그리고 선생님이 그립다고 했다. 중학생이 되면서 서울 친구들에게 뒤지지 말라며 어머니가 학원을 등록한 사연과 그래서 힘들다는 고민을 털어놓았다. 그럴 때마다 이 노래를 듣고 있다고 했다.

그날은 아침부터 비가 왔다. 장마철이라는 일기예보가 정확히 들어맞았다. 베란다 창밖은 검은 회색빛으로 무거워 보였다. 난 출근을 서두르며 우산부터 챙겼다. 고흐 전시회에 갔다가 마음에 들어 산 우산이다. 별이 흐르는 푸른 밤이 펼쳐진 우산 속에서 꿈틀거렸다. 걸어서 출근하는 동안에 만나는 이마다 나를 쳐다보았다. 나와 인사를 하는 것인지 아니면 우산을 쳐다보는 것인지는 알 수 없다. 우산은 점점 자신만만하게 걸었고 내 키를 넘어 당당하게 비를 맞았다. 1층 현관에 나와 있던 관리자는 출근하는 나를 보고 아는 체를 했다. 그가 그런 사람이 아님을 알기에 순전히 우산 때문이라고 생각했다.

하루 종일 우중충한 하늘. 창밖의 거리는 고인 빗물과 지나가는 우산들만 보였다. 검정 우산들은 부산했고, 그것보다 작은 노란색과 분홍색 우산들은 총총거렸다. 그걸 쳐다보며 아침에 쓰고 온 내 우산이 얼마나 눈에 띄었을지 새삼 느껴졌다. 그리고 즉흥적으로 오후수업을 계획했다. 그날 시간표와는 전혀 다른 교육과정이다. 음악과 미술, 거기다 영어 수업을 모두 융합하는 모양새를 갖췄다. 교과서가 필요 없는, 오후 2시간을 이끌어도 충분한, 흥미를 느낄 만한 자료가 필요하다. 바뀐 수업을 미리 설명하지 않은 점을 고려해 밑밥을 깔아놓듯이 점심시간 내내 자료를 준비했다.

그림을 그리고 싶어도 물감이며 캔버스도 구할 수 없는 가난한 화가 고흐. 정신병원에서 창살로 보이던 밤하늘을 그렸다는 '별이 빛나는 밤에'를 큰 화면으로 보여주었다. 사이프러스 나무와 수많은 별이 마치 살아 움직이듯이 현란하다. 아이들은 고흐의 힘든 삶과 죽음에 이르는 이야기에 푹 빠진 표정이었다. 낮게 깔리듯 내 목소리도 조용했다. 그림이 마음으로 느껴진 것은 나뿐만이 아니었나 보다. 처음에는 알 수 없는 표정으로 빤히 쳐다보던 아이들도 밤하늘과 고흐 이야기에 조금씩 처연한 표정을 지었다.

"어두운 배경에 대비되는 밝은 톤의 별이 잘 보이지? 어쩌면 고흐는 희망을 말하고 싶었는지 몰라. 너희들은 별빛이 어떻게 보이니?"

"저거 뱀 같아요."라는 소리가 들렸다.

그리고 마지막으로 노래를 알려주었다. Starry, starry night(별이 빛나는 밤)로 시작되는 익숙한 목소리와 고흐 그림이 화면에 보였다. 잔잔하게 시작하는 기타 소리부터 듣기 좋다. 몇 번을 들어도 돈 맥클린의 감미로운 목소리와 고흐의 그림은 참 잘 어울린다고 생각했다. 나는 벌써 흥얼거렸고 몇몇 아이들도 따라 불렀다.

다행히 아이들은 느낌이 나쁘지 않은 모양이다. 이후에도 종종 듣고 싶다고 말했다. 그중 민이가 가장 자주, 그리고 적극적으로 신청했다. 두말없이 민이의 부탁이라면 난 들어줬다. 민이로 인해 Vincent(빈센트)는 내게도 특별한 노래가 되었기 때문이다. 민이는 그날 눈물을 보였다. 조용히 글썽였고 창피하게 여기지도 않았다. 난 이유를 묻지 않았다. 가끔은 노래를 들으면서 때로는 그걸 부르다가 나도 모르게 눈물을 흘린 적이 있다. 우리는 노래를 통해 내면의 모습을 발견하기도 하고 때로는 자신을 드러낼 때가 있다. 감정이라는 버튼이 가장 먼저 알아채고 누르는 것 같다. 그날 민이도 그랬을 거다.

편지를 보니 눈물 흘리던 민이가 떠올랐다. 내가 모른 척했어도, 고흐와 그의 그림을 이해하는 듯한 민이의 눈빛에서 느껴지는 감정은 결국 내 것과 다르지 않았다. 돈 맥클린도 이런 마음으로 하루 만에 이 곡을 작곡했을 것이다. 그와 우리는 서로 다른 환경에 살지만, 고흐를 이해하려 노력했다는 점은 같다. '별이 빛나는 밤에' 속 고흐의 감정을 순수하게 느끼는 민이의 마음이 고스란히 전해졌다.

FM 같은 사람

주파수는 서로 달라도 그해 우리는

'선생님'이라는 타이틀을 내려놓았다.

습관을 형성하는 데는 주변 환경이 많은 영향을 미친다. 어릴 적부터 나는 성실한 학생이라는 말을 자주 들었는데, 이는 부모님과 학교의 영향이 컸다. 한 시간 거리에 있는 학교에 지각하지 않으려고 아침을 자주 굶었고, 숙제와 준비물은 빠짐없이 챙겨야 한다고 믿었다. 그렇게 한결같이 12년을 다니며 근면함이 몸에 밴 나는 대학을 졸업한 후 다시 학교로 돌아갔다. 이번에는 그 학교가 내 직장이 되었다.

 나는 여전히 성실한 교사로 일했다. 내 몸에 새로 생긴 습관들은 거의 학교에서 형성된 것이다. 혹시 내 몸에 코를 대보면, 학교 냄새가 심하게 날지도 모른다. 어떤 이들은 걸어가는 내 모습만 봐도 그런 것 같다고 웃는다.

 학교는 교사에게 많은 것을 기대한다. 첫 직장에서는 복장 규정이 엄격해 청바지와 티셔츠는 물론, 눈에 띄는 색상의 옷조차 피하라고 했다. "정성과 사랑으로 가르치고, 타의 모범이 되어야 합니다."라는 말을 수없이 들었다. 어느새 '학교가 원하는 교사상'에 맞춰 행동하고 있었고, 나도 모르게 그 틀에 맞춰 나를 다듬어가고 있었다.

 그해 만난 이들은 정말 독특했다. 나와 다른 점이 아주 많았다. 업무와 학년을 발표하고, K와 L을 소개받았다. 그들은 내가 일하는 지역에서는 처음 보는 얼굴이었다. 매일 복도에서 마주칠 동료라면 아는 사람이었으면 좋겠다고 생각했는데 그렇지 않아 아쉬웠다.

첫 만남은 대개 살짝 머리를 숙여 인사하거나 "안녕하세요?"라는 말을 건네는 경우가 많다. 그런데 키가 크고 털털해 보이는 K는 다가오더니 다짜고짜 악수를 청했다. 얼떨결에 그의 손을 잡았고 인상이 좋다는 말까지 들었다. 깍듯한 예의까지는 아니더라도 동료로 받아주길 바랐는데, 그의 사장님 같은 포스에 기가 눌리고 말았다. 그 옆에 있던 L은 날카로운 얼굴에 회색 안경을 쓰고 있었다. 나를 아래로 힐끗 쳐다보더니, 표정 없이 눈인사만 했다. 마른 체격에 까칠해 보이는 그를 보니, 그해 1년이 암울할 것 같다는 예감이 들었다.

3월이 되면 업무로 인한 긴장감이 최고조에 달한다. 학교에서는 "이 시기만 잘 넘기면 나머지는 수월하다."는 농담이 돈다. 새 학년 초의 부담감을 담은 말이다. 나 역시 한 달만 버티자는 마음가짐으로 일에 몰두했다. 피곤해도 교문을 들어서면 밝고 상냥한 모습으로 변했다. 억지로 웃다 보니 어느새 그 웃음이 자연스러워져, 얼굴 근육이 저절로 올라가는 걸 느꼈다. 이런 노력과 최선을 다하는 모습도 어느새 나의 습관이 되어 있었다. K와 L은 나를 볼 때마다 "김 선생, 오늘 할 일은 내일 해도 돼."라고 말했다. 여유로운 표정과 느긋한 발걸음으로 퇴근하는 그들을 부러운 눈길로 바라볼 뿐, 나는 제출 기한을 맞추기 위해 남아 일했다.

학년 부장이었던 K는 여유를 산처럼 쌓아두고 언제나 느긋했다. 그게 그의 장점이자 단점이다. 나는 일을 미루는 게 불편하고 빨리 끝내고 쉬는 것을 선호한다. 그래서 쫓기듯 일하지만, 그는 언제나 미루고 지켜보는 타입이다. 처음에는 그가 나에게 일을 요구하지 않아 편하다고 생각했지만, 결국 L과 내가 일을 떠맡게 되었다.

K는 묻지도 않은 개인적인 집안 사정이나 요즘 만나는 여자 친구를 거리낌 없이 이야기하곤 했다. 시를 좋아하고 가끔 글을 쓴다는 말도 했다. 그럴 때마다 그의 젊은 시절이 궁금했다. 청바지가 잘 어울리는 그는 이전에 다른 일을 하다 교직으로 돌아온 듯했다. 또래의 깐깐한 관리자들과 달리 빈틈이 많았고, 웃음도 쉽게 터뜨렸다.

그에 비해 서울깍쟁이 L은 정반대의 성향이다. 상황을 빠르게 판단하고 일을 정확하게 처리한다. 쓸데없이 시간만 낭비한다고 생각되면, 뒤도 돌아보지 않고 바로 돌아섰다. 너무 매몰차게 굴어서, 그에게는 절대 부탁하지 않겠다고 마음먹을 정도다. L은 날렵한 안경테 너머로 빠르게 사람을 꿰뚫어 보았다. 그의 눈에 한 번 포착되면, 상대방에 대해 아무 정보가 없어도 마치 잘 아는 것처럼 그럴듯하게 말했다. 모두 맞는 건 아니어도 그의 눈썰미는 보통이 아니었다.

그런데 서울깍쟁이 L이 털털한 K를 대하는 모습이 조금 의외였다. 부장 업무에 구멍이 많아 답답하다고 툴툴거리면서도 결국 도와주는 것이다. 물론 혼자 해도 될 일을 항상 나에게 같이 하자고 제안하는 걸 보면, 내 성향도 이미 파악한 듯했다.

일에 집중하느라 중요한 회의를 깜박했다. L이 빨리 오라고 교실 문을 두드릴 때야 생각났다. 나를 기다리는 그들을 생각하며 미안한 마음으로 회의실에 들어갔다. 늦은 이유를 간단하게 말하는 내게 털털한 K가 말했다. "김 선생은 참… FM 같아!" 순간, 라디오 채널에서 말하는 FM이 머릿속에서 먼저 떠올랐다. 하지만 그가 말하는 FM이 라디오 소리가 잘 들리도록 깨끗하게 맞추는 주파수가 아님을 알아챘다. L의 입에서 삐죽이 새어 나오는 웃음은 어딘가 모르게 나를 비웃는 것 같았다. 그런데도 그 순간은 아무 말도 덧붙이지 않았다. 아니 못했다. 물어보면 내가 정말 고지식하고 답답하다는 것을 확인받을 것 같아 그만두었다. 아마 그들이 말하고 싶은 것은 융통성이 없는 내가 답답하다는 뜻이다.

원칙대로 하라고 나를 떠미는 사람은 없다. 그런데도 매사에 자신을 몰아붙였다. 학생들이 원하는 것이거나 관리자가 요구한 일이라면, 당연히 알아서 하는 것이 잘하는 것이라고 믿었다. 그렇다고 학교가 학생과 학부모가 원하는 교사로만 살고 싶지는 않았다. 다만 내가 원하는 것이 무엇인지 잘 몰랐다.

처음에는 그들이 영 마음에 들지 않았다. 교사로서 올바르지 않은 행동을 한다고 몰래 비난하기도 했다. 그들의 주파수가 나와 멀어질수록 마음에 들지 않았고, 색안경을 끼고 내 멋대로 판단했다. 그렇지만 그들의 주파수는 일정하지 않더라도 또 원칙대로 하지 않아도 아무런 문제가 없었다. 차츰 나도 별반 다르지 않다는 것을 깨달았다. 두 사람이 교사로서 갖춰야 할 표준 주파수에서 꽤 벗어난 경우가 많았던 것은 사실이다. 하지만 나 역시 그런 사람이었다. 가끔은 그들보다 더 벗어나 마음대로 행동하고 싶을 때가 많았고, 실제로 그런 적도 있다.

  주파수는 서로 달라도 그해 우리는 '선생님'이라는 타이틀을 내려놓았다. "형님!, 아우!"라고 부르는 그들 사이에서 원칙에 얽매인 나를 점차 풀어 주었다. 시간이 지나면서 'FM'이라는 말의 의미를 새롭게 이해하게 되었다. 때로는 고정된 주파수를 벗어나 유연해지는 것도 나쁘지 않다는 걸 깨달았다. 여전히 나는 'FM 같은 사람'이라고 불릴지 모른다. 하지만 이제는 그 말의 의미를 달리 받아들인다. 원칙과 유연함 사이에서 나만의 균형을 찾아가는 중이다.

마지막 교실

귀신이라도 나올 것 같다고,

칙칙해서 마음에 들지 않는다고 말했던 나는

이곳이 점점 편해지고 정이 갔다.

그 교실이 보이지 않았다. 처음 만난 부장은 현관에서 서쪽 끝을 가리키며 먼저 가보라고 권했다. 학교에서 교실 찾기만큼 쉬운 일이 어디 있냐며 무조건 나섰다가 낭패를 보았다. 학교 안내도를 확인하지 않은 일이 후회되었다. 그런 생각을 하며 돌아서려는 순간, 꺾인 사이로 복도가 보였다. 그 복도 끝의 외진 곳이 바로 내가 찾던 교실이다.

한낮인데도 그곳은 어두웠다. 4개나 되는 스위치를 다 누르고서야 칙칙한 곳이 그나마 말끔하게 보였다. 밝은 베이지 톤으로 새로 바꾼 교실 바닥과 연한 노랑의 블라인드가 한쪽 벽을 감싸고 있었다. 그제야 리모델링을 해서 새 교실이나 마찬가지라는 부장의 말이 생각났다. 이중으로 된 넓은 창이 남쪽으로 났지만 밝은 기운이라고는 없다. 왜 서늘하고 음침해 보였는지 그제야 알 수 있었다. 교실로 들어오는 햇빛의 양이 병아리 모이 주듯 야박했기 때문이다. 창가로 이사 올 화분을 자동차 뒷좌석에 가득 실었는데, 이곳에서 살 수나 있을까 걱정되었다.

거의 해마다 교실을 옮긴다. 마음에 쏙 들었던 남향 위치도, 시끄러운 계단 옆의 교실도, 그리고 화장실 냄새가 고역인 장소도 겪었다. 적응만 잘하면 힘들고 불편한 부분이 나중엔 아무렇지 않을 정도로 괜찮아진다. 쓸데없는 걱정을 한다며 나를 다독였다.

　봄에 어울리는 연한 베이지색 바바리코트를 입고 새로 들어올 신입생을 맞았다. 점잖은 옷차림에 밝은 미소를 연신 지으며 아이들 앞에 섰다. 분주한 학기 초 업무가 하루하루를 정신없이 몰아갔다. 이른 봄옷 때문인지 꽃샘추위에 그만 꺾인 건지 그것도 아니면 음침한 교실 분위기 때문이지 으슬으슬 추웠다. 나는 교실 탓을 하며 다시 옷장에서 겨울옷을 꺼냈다.

　처음부터 마음에 들지 않은 곳이다. 나만이 아니라 창가에 놓아둔 식물도 그걸 느끼는 것 같다. 가장 먼저 제라늄이 제빛을 잃기 시작했다. 이사할 무렵의 짱짱했던 줄기는 광합성을 위해 본능적으로 기울고 가늘어졌다. 목숨을 유지하려고 몸부림치는 게 보였다. 꽃이 피기는 커녕 옹골차게 자라는 새잎마저 볼 수 없을 정도로 시들시들하다. 식물이 그들 나름대로 버티고 있는 사이에 나는 병이 났다. 약을 먹어도 소용이 없었다. 한 번 걸린 감기는 나를 끌어안고 질기도록 오래가더니 여름까지 끌고 다녔다.

　모순 같아도 아이들에겐 지극히 당연한 일이라는 듯 활기가 넘쳤다. 음침한 곳조차 자신들만의 세계로 만드는 재주가 놀라웠다. '무조건 달리기'와 '그냥 뒹굴기' 같은 놀이를 만들어 내며, 교실은 순식간에 즐거운 비명과 장난으로 가득 찼다. 그들만의 리그로 교실이 혼란의 광장으로 변하는 데는 며칠이 안 걸렸다. 초반의 질서유지를 위해 나는 웃음기를 감추고 기강 세우기에 전념했다.

너무 안일하게 대처한 모양이다. 뜻하지 않는 일이 순식간에 발생했다. 얼마나 놀랐는지 다급한 목소리로 나를 부르는 아이들만 대여섯 명이나 되었다. 단순한 몸싸움인 줄 알았다가 피를 흘리는 친구를 보고 순식간에 공포감을 느낀 아이는 덜덜 떨고 있었다. 턱이 깊게 찢어져 피가 흘렀는데 붉은 피를 보는 것만으로도 공포감을 자아내기 충분했다. 아수라장이었던 교실은 금세 쥐 죽은 듯이 조용해졌다. 그날부터 달갑지 않은 심판이 된 나는 위험한 행동이라고 생각되는 것들을 다 중단시켰다. 아무리 원망의 눈초리가 나를 향해도 모른 척했다.

그렇지만 내 기대는 얼마 못 갔다. 허망하게 하루를 못 견디고 또 일렁거린다. 실실 웃어가며 봄바람을 잔뜩 묻혀와서는 나만 바라보며 웃는다. 무너지지 않겠다고 다짐하고 표정을 관리해도 소용이 없었다. 하다못해 책상과 바닥 그리고 내 자리 쪽으로 와서는 히쭉 웃으며 봄 내음을 줄줄 흘린다.

　시간의 흔적은 참으로 묘하다. 벚꽃이 지고 민들레가 흔들리는 동안, 각지고 딱딱하던 교실은 겉모습과 달리 점차 부드러워진다. 모난 곳이 사라지고 둥글게 마음을 품기 시작한다. 천방지축 아기 티가 물씬 풍기던 아이들도 조금 아주 조금씩 변한다. 연필이 없다는 소식만 들려도 일어나기 바쁘고, 오전에 다투고 울던 사이가 분명한데도 점심시간이면 블록 놀이하며 키득거린다. 가끔은 그 맑은 에너지가 나를 향해 훅! 하고 전해질 때가 있다. 그러면 답답하던 가슴이 환해진다.

　기침은 여름이 되고 겨우 누그러들었다. 아무도 없는 오후가 되면 열린 창문으로 운동장 소리가 조그맣게 들린다. 고요해서 좋아질 때다. 알아보지도 못하게 휘갈긴 국어책을 점검하고, 발랄한 주인들이 외면한 연필과 지우개, 바닥에 아무렇게나 버린 산만한 흔적을 정리한다. 또 나이스란 이름과 전혀 어울리지 않는 시스템에서 빠른 손놀림으로 업무를 처리한다. 귀신이라도 나올 것 같다고, 칙칙해서 마음에 들지 않는다고 말했던 나는 이곳이 점점 편해지고 정이 갔다. 내년에도 그냥 여기서 지낼까?

놀이터 풍경화

그녀가 떠난 후
무성하던 소문은 **연기처럼** 사라졌다.
그녀에 대해
험담을 늘어놓던 이들의 입도 조용해졌다.

즐거운 놀이와 친구들이 있는 곳. 땀을 흘려도 맘껏 떠들어도 아무도 혼내지 않는 곳. 어릴 때는 주로 마을 안쪽에 있던 큰 공터에서 놀았다. 먼저 도착한 사람이 찜하면 게임 시작인데 어린 나는 늘 뒤로 밀렸다. 동네 언니가 내 차례라고 이름을 부르는 순간부터 가슴이 콩닥콩닥 뛰었다. 생각해 보면 놀이터는 갈증과 결핍을 채우려는 마음들이 모였다. 동시에 자신과 타인을 알아가고 배우는 공간이었다.

둘째를 보면 어릴 때의 내 모습 그대로다. 외출하는 낌새만 나도 벌떡 일어나 신발부터 찾는다. 현관 밖의 지나가는 사람이나 자동차 소리에 호기심이 한번 발동하면 반드시 나가야 했다. 특히 움직이는 것이라면 그게 무엇이든 작은 발로 뒤뚱거리며 돌진했다. 신기한 듯 버스를 쳐다보고 개와 고양이를 만지려고 어지간히 애를 썼다. 매일 집을 나가겠다고 떼를 쓰면 말릴 수도 없다. 난 매번 녹초가 되었다.

역시 놀이터만 한 곳이 없다. 진작부터 찾지 않은 걸 후회했다. 온몸이 땀과 모래로 범벅이 될 정도로 더러워도 괜찮았다. 그늘에 앉아 잠시라도 쉴 수 있게 해주는 고마운 곳. 하루 종일 집에 가지 않는다고 해도 걱정할 필요가 없는 곳. 내가 사는 아파트 놀이터가 그런 곳이었다. 다행히 둘째도 또래 친구랑 노는 게 즐거워 보였다. 혼자서 멋쩍게 앉아있는 엄마와 달리 쉽게 어울렸다. 놀이터는 어느덧 아침밥을 먹고 나면 출근하듯이 둘이 손을 잡고 가는 장소가 되었다. 나도 자주 만나는 이들과 자연스럽게 아파트 동호수를 물어가며 어울렸다.

그쯤에 준이 엄마와 가까이 지냈다. 제일 먼저 놀이터에 나가는 우리 집 둘째와 그다음으로 달려오는 파워에너지 준이가 맺어준 인연이다. 만난 지 얼마 안 된 사이지만 특유의 붙임성으로 '언니'라고 부르며 다가왔다. 하나밖에 없는 아들이 가만히 있지 않아서 걱정이 많은 여린 사람이었다. 가만히 있지 않고 쏘다니는 것은 우리 아이도 만만치 않다며 동병상련의 마음으로 나와 그녀는 금세 친해졌다.

겨울이 되면 놀이터의 풍경은 달라진다. 좋아하던 미끄럼틀은 갑자기 돌변한 사람처럼 무뚝뚝하고 차가워진다. 둘째와 나는 냉정해진 시소를 오르내리고 그네를 흔들어도 추웠다. 그런 우리를 준이네가 먼저 초대했다. 현관문을 들어서며 느껴지는 온기가 준이 엄마를 닮아 따뜻했다. 차를 마시는 시간이 지날수록 그녀와 나는 더 가까워졌고 자주 만났다.

아이들도 그럴 줄 알았는데 그렇지 않았다. 차츰 서로의 장난감을 탐내더니 다툼이 잦았다. 그때마다 눈에 띄는 준이의 행동. 조심스럽지만 짐작이 가는 문제가 느껴졌다. 망설였지만 용기가 나지 않았다. 부모로서 그걸 모르는 것과 알고 있는 것의 차이는 크다. 이해만 해도 단체 생활이나 친구 관계를 원만히 하는 걸 직업상 자주 보았기 때문이다. 말을 건네려고 했지만 정작 입이 떨어지지 않았다. 섣부른 판단으로 상처가 되고 관계만 틀어질 수 있다는 두려움 때문이다. 결국 난 말하지 않았다.

어느 날, 놀이터에서 다른 엄마들을 만났다. 그들은 은근슬쩍 비밀을 말하듯 내게 속삭였다. 조심해야 하는 사람이 있다면서 이야기를 꺼낸다. 아무 때나 찾아오고 느닷없이 전화가 올 거라고. 마냥 받아주면 지치고 말 거라고. 그래서 자신들은 일부러 피하고 있으니 잘 처신하라는 내용이다.

준이 엄마가? 그럴 리가 없는데. 내가 아는 그녀는 그런 사람이 아닌데. 다른 사람을 불편하게 할 정도로 경우 없이 행동할 리 없는데. 말하는 이들과 듣는 나 그리고 준이 엄마는 비슷한 또래의 아이를 키우며 알던 사이다. 그동안 크게 다툰 적 없이 친하게 지냈다. 하지만 뒷담화가 잦아지면 진실은 묻히고 사실에 가깝도록 변질이 된다. 엄마들의 입을 통해 수군거리는 횟수가 늘어나더니 소문이 진짜처럼 놀이터를 떠돌았다. 그와 반대로 "그럴 리가 없는데."라는 내 목소리는 점점 작아지며 묻혀갔다.

마침 내게도 비슷한 일이 있었다. 모처럼 갖는 휴식을 위해 집안일부터 서둘렀던 아침. 커피를 타서 소파에 앉았는데 초인종 소리가 울렸다. 거실 벽의 시계를 보니 너무 이른 시각의 방문이다. 현관문 밖의 인기척만 들어도 누구인지 알았다. 어쩔 수 없이 문을 열고 아침부터 웬일이냐고 물으려는 찰나, 허겁지겁 신발부터 벗고 들어오는 준이로 더는 말할 수 없었다. 부담스러운 방문이었다.

그러려고 한 건 아닌데 일도 꼬였다. 다시 학교로 돌아가기 위해 임용고시를 준비했다. 둘째가 어린이집에 갈 정도로 컸고 그해 채용 인원이 생각보다 많아 재임용 가능성이 컸기 때문이다. 시험 대비를 위해 시간이 필요했으니 어쩔 수 없이 놀이터는 가지 않았다. 다른 엄마들의 조언대로 따를 의도는 전혀 없었는데 자연스럽게 그녀와 멀어졌다. 한동안 만나지 못했다.

팍팍해진 인심에 한몫 거든 느낌. 마음에 걸렸다. 여리고 약한 그녀를 대변하지 못하고 외면했다는 마음이 나를 짓눌렀다. 다른 이들이 모르는 진실, 준이네의 속사정을 아는 데도 감싸주지 못했다는 자책이었다. 아들 때문에 매일 놀이터에서 살다시피 하는 사람. 아들에게 온 신경을 쓰느라 츄리닝에 티셔츠만 입은 엄마. 아들이 노는 근처에서 노심초사 눈이 횅한 준이네. 이런 이유로 이웃들은 준이네를 멀리하고 싶었을지도 모른다. 그렇다고 그게 그녀의 전부는 아니다. 아주 일부일 뿐. 그들이 모르는 것도 있다. 그녀는 아이의 잘못을 미안하다고 말할 줄 아는 엄마다. 쉬운 일 같아도 먼저 사과하는 사람이 생각보다 드물어 난 그 점을 좋게 여겼다. 그래서 마음에 들었다.

시험이 끝나고 다시 놀이터에 갔다. 놀고 있는 준이를 보았다. 혼자 신나게 미끄럼틀 위에서 소리를 내며 내려오는 아이는 이제 준이뿐이다.
"언니, 저 이사 가요. 남편이 발령이 났어요."
"잘됐네. 축하해!"
떠난다는 예상 밖의 소식을 전하는 그녀를 보고 복잡한 감정들이 일렁거렸다. 잠깐 만난 사이지만 그녀가 내게 준 마음은 진심이었고 나 또한 그랬다. 서운함, 미안함, 아쉬움이 올라왔지만 나는 "축하해."라는 말만 되풀이했다.

그녀가 떠난 후 무성하던 소문은 연기처럼 사라졌다. 그녀에 대해 험담을 늘어놓던 이들의 입도 조용해졌다. 시간이 많이 흘렀어도 떠오르는 얼굴. 놀이터만 가면 "언니!"하고 나를 향해 달려오던 그녀가 보고 싶다.

그의 트레이드마크

은행나무가 **변함없이** 버틴 것처럼

그의 트레이드마크도 한결같다.

이곳의 터줏대감은 은행나무다. 언제부터 여기에 있었는지 알 수 없다. 다만 한 아름이 넘는 둥치를 보아 아주 오래전부터 자리 잡은 듯하다. 나무 아래 제사상을 차리듯 쓰레기를 버리는 것은 신입 주민들이다. 품위는 날마다 상한 냄새를 풍겼다. 아파트와 빌라들이 줄지어 선 이곳 골목길의 풍경이다.

나는 이곳을 지날 때면 일부러 멀찍이 돌아서 걷는다. 오늘도 음식쓰레기 봉지와 소주병, 먹다 버린 치킨이 보인다. 널려있는 라면 국물에서는 상한 냄새가 진동한다. 신발에 오물이 묻을까 봐 조심조심 걷는데 누군가가 나를 쳐다보고 있었다. 흘금흘금 보는 것이 아니라 시선을 내게 못 박은 것처럼 쳐다보았다. 그 사람이 여자든 남자든 훑어보듯이 빤히 쳐다보는 행동은 불쾌하다. 기분이 상한 나는 그를 째려보며 은행나무 쪽으로 걸었다. 가까워질수록 그의 표정이 묘하다. 반가운 듯한 표정도 기분 나쁜 듯한 표정도 아니어서 종잡을 수가 없다.

"전에 저기, 저어기 교회 다녔죠?"
느리고 어눌한 말투가 띄엄띄엄 건너왔다.
"뭐라고요?"

"혹시, 전에 저어기 교회 다녔냐구요?"

비로소 그의 말이 들어왔다.

"예, 그 교회 다녔는데요. 혹시 절 아세요?"

"가까이 보니께 확실히 맞구만요."

그제야 그가 누군지 떠올랐다. 믿음 좋은 그의 부인과 함께. 정작 나는 그의 이름이며 사는 곳조차 모른다. 그러나 늘 미소를 달고 다니던 그의 얼굴은 선명하게 기억난다. 나를 먼저 알아보고 웃는 그 얼굴처럼.

그 부부는 늘 허름한 옷에 성경책을 가슴에 안고 다녔다. 보는 사람마다 반가운 얼굴로 인사를 건네곤 했다. 일상적인 눈인사와 다른 미소였다. 처음 찾아간 교회에서 그를 보고 전도사나 장로인 줄 알았다. 그 정도로 그의 웃음 띤 인사는 성도 누구에게나 동일했다. 그들은 예배에 빠짐없이 참석했다. 다만 그들의 경제적 형편이 헌금조차 할 만한 처지가 아닌 듯했다. 세속화되는 교회에서 그들은 변방으로 자연스럽게 몰렸다. 중요한 자리에서 그들을 볼 기회가 별로 없었다. 그렇게 같은 교회 성도인 듯 아닌 듯 다니다가 교회 문제로 우리는 그곳에서 먼저 나오게 되었다.

"이 근방에 살지요?"

"예, 요기 아파트에 살아요."

 어찌나 반가워하시는지 나는 내가 사는 아파트를 가리켰다. 그는 아파트 쪽을 바라보며 연신 고개를 끄덕이며 또 웃었다. 그 미소에 경계를 쳤던 내 마음이 풀리며 그의 딸까지 스치듯 기억났다. 안부를 물어보고 싶은 마음이지만 약속 장소로 가는 길이라서 오래 이야기할 수는 없었다. 건강하시라는 인사를 연신 건네고 어쩔 수 없이 가던 길을 재촉했다.

 조금 걷다 뒤를 돌아보았다. 그는 여전히 은행나무 밑을 청소 중이다. 쓰레기를 치우면서도 찡그린 표정 하나 없는 편안한 얼굴이다. 밝은 연두색 옷을 입어서일까. 미소 때문일까. 함부로 버린 물건들이 더럽고 지저분해도 그의 세상 부러울 게 없는 표정이 멀리서도 도드라져 보였다. 세월은 공평하게 그의 얼굴에도 굵은 주름을 여기저기 새겨놓았다. 나이를 가늠할 수 있을 정도로 깊게 패었다. 그런데도 그 미소만은 그때나 지금이나 변함없다. 검버섯이 자라고 주름이 자리 잡아도 지워지지 않은 채 그대로다.

 '백년도 살지 못하면서 마치 세상 모든 걸 다 아는 양 잘난 척하는 사람들이 얼마나 하찮게 보일는지, 그래도 은행

나무는 예나 지금이나 변치 않고 인자한 모습으로 서 있다.'

　저자 우종영이 『나는 나무처럼 살고 싶다』라는 책에서 은행나무를 이렇게 표현한다. 깜짝 놀랐다. 우리 골목길 풍경을 꼭 보고 말하는 것처럼 나무와 사람들의 모습이 흡사했기 때문이다. 몇천 년씩을 사는 게 예사라는 은행나무. 나무 시선으로 쳐다보면 들어온 지 10년도 안 된 사람들이 기본 도덕이나 윤리도 모르고 주인 행세까지 하는 것으로 보일 것이다. 그들과 별반 다르지도 않으면서 쓰레기 버린 손을 비아냥거리던 내 모습 또한 얼마나 하찮았을까. 그나마 손상된 품위를 회복시키는 그의 손길이 분주해서 다행이다.
　보이는 건 그의 등뿐이다. 은행나무가 변함없이 버틴 것처럼 그의 트레이드마크도 한결같다. 그가 전한 미소 덕분에 약속한 장소로 향하는 내 발걸음이 가볍기만 하다. 오랜만에 입 주위가 풀리며 입꼬리가 길게 올라갔다.

30년을 정리 중입니다

마지막에 근무한 자리는 아무래도 남다르다.

그래서 **뒷모습은** 깨끗하게 마무리하고 싶었다.

5년 전에 계획한 일이다. 진작에 마음먹은 것이라 미련 없이 신청했고 지금은 공문으로 결과를 기다리고 있다. 마지막에 근무한 자리는 아무래도 남다르다. 그래서 뒷모습은 깨끗하게 마무리하고 싶었다. 말끔하게 제자리로 돌려놓는 게 마지막 할 일 같았다.

　쓰레기봉투와 큰 가방을 가지고 오후 시간에 교실과 복도 그리고 분리수거함을 오갔다. 그런 나를 보고 지나가던 동료가 무슨 일이냐고 묻는다. 조용히 명예퇴직을 신청했던 터라 그는 몰랐다며 놀란다. 아직 공식적인 결과가 오지 않았기에 나는 주위 사람들에게 알리지 않았다. 며칠 동안 분주하게 분리수거장을 오가는 모습이 의아했다며 아쉬워한다. 쓰다 남은 학습자료는 다시 분류해서 자료 준비함에 넣어두거나 못 쓰는 물건은 과감하게 쓰레기봉투에 넣었다. 검은 먼지가 내려앉은 창틀과 화분대를 닦았다. 그동안 알면서 모르는 척 내버려 둔 먼지 뭉치들. 책상과 사물함과 청소함 틈 사이로 쓸려 들어가 꼭꼭 숨은 쓰레기들. 묵은 찌꺼기를 씻어내듯 보이는 족족 진공청소기로 빨아들였다.

　이번 기회에 미련 없이 털어내고 싶은 게 또 있다. 남은 자존심마저 가자미처럼 납작해져 한없이 우울하게 만든 것들이다. 가늠할 수 없는 책임감, 공적인 신분에 눌린 답답함, 밑바닥까지 내려간 직업인으로서의 존재감과 거기서 오는 불편한 감정들. 남김없이 힘 좋은 진공청소기에 탈탈 털리고 싶었다. 그래서 결심했다. 정리하면서 물건뿐만 아니라 마음 속 짐까지 정리하기로.

매서운 눈보라가 덜컹대며 유리창을 때려도 정리 중인 나는 땀이 났다. 거기다 얼마 전부터 무력해진 어깨가 또 말썽이다. 칠판 앞에서 당당하게 가르치던 어깨가 오십견이 왔다고 신호를 보낸다. 하지만 물건들을 하나씩 정리하고 버리면서, 마음도 함께 가벼워지는 걸 느꼈다. 벌써? 오래 걸릴 거라고 예상했기에 속으로 조금 놀랐다. 짐을 정리하는 것만으로도 이렇게 마음이 홀가분해질 줄은 몰랐다.

나는 언제부턴가 몸에서 신호가 왔다. 싫든 좋든 어쩔 수 없이 일할 때는 증상이 심했다. 그래서 나를 지키기 위해 하기 싫은 일을 덜 하려고 노력했다. 그렇게 하지 않으면 완전히 무너질 것 같았다. 10년 차에 그만두고, 다시 재임용으로 들어가고, 연구년제로 1년 동안 학교를 멀리했다.

누군가는 인내심이 없고 의지가 약하다고 말했다. 또 회피한다고 판단한 이들의 입을 통해 결점이 되어 나를 따라

다녔다. 맞는 말이라 할 말이 없다. 그래서 하고 싶은 일보다 하기 싫은 일이 늘었는지 모른다. 그렇지만 내가 무엇을 하고 싶은지는 알았다. 그래서 조금은 이기적일 필요가 있다고 생각해 용기 내서 퇴직을 신청한 것이다.

얼마 전에 모임에서 만난 사람은 그런 나를 칭찬한다. 빈 말이라도 기분이 좋았다. 쓸만한 기술 하나 없는 내게는 분수 넘치는 말이다. "어쩜 그런 생각을 했어. 쉬워 보여도 어려운 일이야!"라면서 추켜세웠다. 학기 말 업무가 폭주하는 12월이 와도 예전 같으면 긴장하며 대응하는 데 이런 것쯤은 우습다며 마음이 야들야들해졌다.

마음이 가벼우니 몸이 졸라대듯 손이 빨라진다. 잽싸게 끝내고 싶었지만 조금 느긋해지기로 했다. 마무리할 업무나 나이스 기록, 그리고 우리 반 아이들과의 활동까지 여유를 부리며 거북이처럼 진행했다. 그동안 나는 쫓기듯 자신을 몰아붙이며 직장 생활을 하지 않았나 싶다. 그러지 않아도 충분하고 천천히 해도 학교 일은 잘 풀리는데 조바심이 컸다.

마지막으로 남은 것은 손이 많이 가서 나중으로 미룬 일이다. 버려도 괜찮다고 여긴 자료들이다. 쓰레기봉투를 옆에 끼고 종이 한 장 한 장을 일일이 살펴봤다. '사랑해요!'를 몇 번이나 고백하며 연필로 꾹꾹 눌러쓴 쪽지, 꼬질꼬질 때묻은 종이 카네이션, 너무 젊고 너무 예쁜 공주 같은 그림이 여러 장이나 남았다. 전혀 닮지 않아서 나라고 인정하기 어렵지만 그림 밑에 내 이름이 또렷하게 쓰여있다.

밖은 추운데 뜨거운 기운이 느껴진다. 새해도 아닌데 붉은 해가 가슴속에서 타오르고 진하게 올라온다. 소중한 추억을 아무렇지 않게 버릴 뻔하다니. 거북이처럼 천천히 하기를 참 잘한 것 같다. 보관하기 편리한 클리어파일을 찾아 거기에 한 장 한 장 넣었더니 묵직했다.

그리고 누렇게 바랜 방석으로 시선을 돌렸다. 흰색이 누렇게 변할 정도로 꼬질꼬질하다. 많은 사연이 한 코씩 뜨개질한 사이사이로 보인다. 자녀보다 때로는 더 어린 부모들. 욕심에 자기 자녀가 먼저라 미처 다른 아이들을 제쳐둔 이들이다. 한때 그만두고 싶을 정도로 힘든 상황을 겪은 적이 있다. 눈물 없이 울어서 잊은 줄 알았는데 아픈 자국이 오래 갔다. 그런 나를 위로하는 사람 또한 부모들이다. 응원하는 마음으로 한 땀씩 코바늘로 떠 준 방석이다. 부모와 교사라는 틀을 벗어나 사람 대 사람으로 준 마음이다. 운 좋게도 나는 그런 좋은 사람을 많이 만났다. 그래서 교실을 옮길 때마다 챙긴다.

 원하던 대로 새 주인이 와도 놀랄 만큼 깨끗해졌다. 정리된 이 교실에서 시작하는 후배가 나보다 즐겁게 생활하기를 바라면서 방석이 든 가방을 들고 교실 문을 닫았다.

백년손님의 손맛

그는 자기가 끓인 **미역국**을 먹고

장모님이 회복됐다고 믿는다.

생일도 아닌데 미역국을 또 끓인다.

죽을 것 같다는 엄마는 키조개를 넣은 미역국을 먹은 후에 정말 기적처럼 일어나셨다. 특별한 비법이랄 것도 없는 평범한 음식이 때로는 생각지 못한 효능을 보여 신기하다. 남편은 기뻐하며 이번 기회에 음식을 정식으로 배우고 싶다는 자신의 포부를 밝힌다. "당연히 찬성이야." 그가 만들어 준 매운탕은 횟집에서 먹어본 것보다 훨씬 깊은 맛이 난다. 그래서 생선요리는 내 손에서 벗어난 영역이 된 지 오래되었고 주말이면 그가 요리하는 음식을 기다릴 정도다.

"입맛이 없어 금방 죽을 것 같어."

듣는 자식에게는 덜컥 겁이 나는 말이지만 엄마는 아무렇지도 않게 "죽을 것 같어."라고 또 한다. 가끔은 제대로 써먹는 말이라서 부랴부랴 병원부터 예약하고 서둘러 내려간 적도 있다. 얼마 전에도 그랬다. 목소리만 들어도 큰일이 벌어진 줄 알고 직장에 조퇴 신청까지 해서 급히 내려갔다. 긴장하며 차에서 내리는 나를 기다렸다는 듯이 장독대에 앉아있는 엄마. 반가운 얼굴에 미소만 가득하다. 다행이라 여기면서도 매번 엄마에게 속는 것 같아 찜찜했다.

"입맛이 없어." 다시 엄마의 호출이다. 그렇다고 당장에 갈

수도 없는 처지다. 이번에는 쉽게 속아 넘어가지 않겠다고 마음먹었다. 거기다 몸이 무겁게 짓누르더니 쑤시고 아팠다. '다른 집 엄마는 혼자서도 잘 지내던데…' 내 몸도 마음처럼 지쳤는가 보다. 하지만 혼자 지내는 엄마의 외로움은 거리와 관계없이 멀리 있는 내게 고스란히 전해진다. 그 끈이 보이지 않아도 팽팽하게 연결되어 있어 모른 척할 수가 없다. 그래서 외면하기 어렵다.

남편이 냉동실에 넣어둔 키조개를 찾는다. 그는 지난번의 기적 같은 음식의 효능에 자신감을 얻었는지 더욱 의기충천하다. 그는 자기가 끓인 미역국을 먹고 장모님이 회복됐다고 믿는다. 하지만 굳이 아니라고 말하고 싶지 않다. 때로는 그가 정성으로 만든 음식이 자식보다 나은 효과를 보인다. 그것만큼은 확실하다. 남편은 우선 냉장고에 가서 얼려둔 키조개와 절여서 둔 우럭과 조기를 주섬주섬 꺼내고 있다. 생선은 시어머니가 특별히 당신의 큰아들에게 주려고 일부러 챙겨준 것이다. 보자마자 절대 안 된다고 말렸다. 그런데도 그는 내 말을 듣지 않고 간장꽃게장마저 넣는다. "이상하게 장모님은 비린 것을 참 좋아해."라는 말을 덤으로 보탠다. 할 말 없게 만드는 재주까지 있는 사람이다.

생각보다 엄마 상태가 심각했다. 핼쑥한 얼굴에 온몸이 파스투성이다. 아마 집에 있는 파스라고 생긴 것들을 몽땅 찾아내 온몸에 붙인 것 같다. 일어나지 못할 정도로 아파 보였다. 비가 오는 날에 혼자 옥수수와 깨를 심었던 일이 무리였을 것이다. 힘이 들어 몸살은 나고 제대로 된 음식은 못 드신 모양이다. 안 아픈 곳이 없어 죽겠다는 엄마는 그 상황에도 나와 사위를 보고 미안하다며 일어난다. 몸을 제대로 움직이지도 못할 정도로 아픈 걸 보니 속이 상했다. 그런 내 마음과 다르게 퉁명한 소리가 저절로 나간다. "일 좀 그만 하세요!"

나는 결사적으로 엄마에게 매달렸다. 일을 하지 않겠다는 답을 듣고 싶어 조용히 시작한 말씨름이 좀처럼 끝나지 않았다. 나도 그렇지만 엄마도 지지 않았다. 촌에서 일이라도 해야지 못하게 하면 어떡하냐며 우겼다. 서로 팽팽했고 우리 둘 다 물러서지 않았다.

그때, 문틈으로 음식 냄새가 들어왔다. 고소한 들기름과 어우러진 바다향이 솔솔 풍겼다. 방에서 티격태격 씨름하는 동안 부엌에서는 바지런한 손이 분주하게 움직이는 듯했다. 고소하게 퍼지는 냄새는 내 위장을 자극하기 시작했고, 누군가의 배에서도 꼬르륵 소리가 들렸다. 나일 수도, 엄마일 수도, 아니면 둘 다일 수 있다. 들기름에 키조개를 볶은 후 미역을 넣어 푹 끓인 냄새가 틀림없다. 이내 냄비와 그릇이 식탁에 부딪히는 소리가 들린다.

음식 냄새는 뇌를 자극하더니 온 신경을 파고든다. 이전 기억을 그대로 살려내 혀가 음식 맛을 느낀 것처럼 생생하게 전해준다. 내 입안은 어느새 침이 고였다. 다행히 아픈 엄마의 후각 또한 정상이었다. 배가 고프다는 말은 하지 않아도 부엌에서 나는 소리와 냄새를 분명 느끼고 있었다. "그만하자!"라는 엄마의 반응이 드디어 나왔다. 나는 풀이 나든 말든 들어가지 않겠다는 약속을 받아내는 데 성공했다.

엄마는 식탁에 앉아 키조개 국물부터 들이켰다.

"백년손님을 너무 부려 먹어 미안하네."

몇 술 뜨더니 국에 밥을 말아 한 그릇을 비웠다. 되찾은 입맛에 엄마는 사위가 만든 다른 음식들도 맛보며 연신 칭찬했다. 그 모습을 바라보는 사위의 얼굴에 미소가 오래도록 머물렀다.

3부
책과의 솔직한 대화

꿈틀거리는 마그마
유턴해도 괜찮아
너무 착하게 살지 마요
빵 터지는 소통법
'아니오. 그건 싫습니다.'를 연습하자
내 언어 온도는 몇 도일까?
정말 읽기 싫은 책

꿈틀거리는 마그마
— 김현아의 『활활 발발』

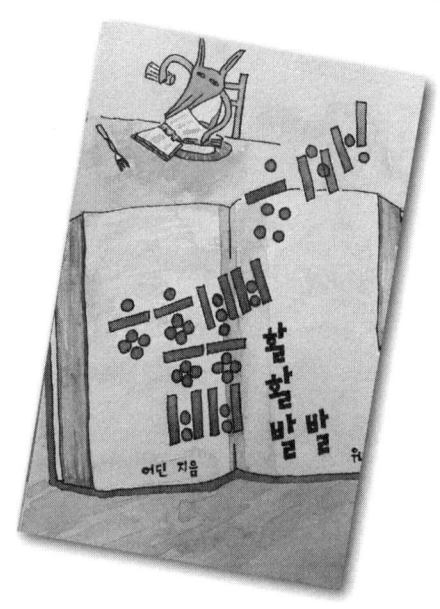

'1인 1책 프로그램' 신청 마감을 하루 앞둔 날. 난 고민하고 머뭇거리기만 할 뿐 결심이 서지 않았다. 호락호락하지 않다고 말하는 이도, 어려우니 포기하는 게 낫다고 부추기는 사람은 없었다. 그런데도 글쓰기는 두려웠다. 그나마 사춘기 시절에 일기라도 끄적거리며 일상을 기록했는데 대학에 들어가고는 일기장마저 덮었다. 직장 다닐 때도 마찬가지다. 교육 관련 계획서와 보고서는 적지 않게 썼어도 형식에 맞춘 공적인 문서이지 글은 아니었다. 다행히 읽는 것은 좋아했다. 다른 사람의 글을 읽다 보면 조금 눈치라는 게 생긴다. 작가는 아무나 되는 게 아니란 것과 내가 그럴 만한 능력이 없다는 사실을 깨닫는다. 그래서 1인 1책 프로그램에 지원하려고 써 둔 계획서를 아예 삭제하였다.

　오랜 고민 끝에 단념한 일이지만, 개운하지 않았다. 자꾸 엉뚱한 생각들이 따라붙더니, 이내 나를 괴롭히기 시작했다. '괜히 포기한 건 아닐까?, 한 번쯤은 해보고 싶었던 일인데…' 이미 마감일이 지났는데도, 용기를 내지 못한 자신을 탓하며 후회했다. 그리고 사전 강의로 듣던 강사의 말이 계속 머릿속에서 떠나지 않았다. 자신의 마음조차 알 수 없다더니, 후회가 갈망으로 변하며 다시 해보고 싶은 마음의 불씨가 살아나기 시작했다.

'글을 쓰는 사람'.

이 말이 불쏘시개처럼 내 마음에 불을 지폈다. 내가 한 번도 들여다본 적 없는 마음 깊은 곳에서 글을 쓰고 싶다는 의욕이 마그마처럼 꿈틀거렸다. 하지만 그것은 분출하지 못하고 땅속에서 가만히 머물러 있었다. 서서히 밖으로 표출할 순간만을 기다리는 것만 같다. 지원서를 삭제했다고 내 본심까지 다 지운 것은 아닌가 보다.

첫 시도는 '브런치스토리'*에 글 올리기. 그동안 독서 모임(보일락 독서공동체)을 통해 읽었던 책과 표지 그림이 토대가 되었다. 시작이 반이라고 하더니 승인을 받기 위한 세 편의 글을 곧 완성했다. 내 안의 마그마가 생각보다 뜨거웠던 모양이다. 과제물을 제출하는 학생처럼 밤늦도록 쓰고 또 고쳤다. 그리고 서툴고 허술한 글이기는 해도 감탄(생각보다 잘 쓰잖아!)하며 스스로 칭찬했다. 할 수 있고 해냈다는 만족감이 상당했던 나는 '브런치스토리'에 쓴 글을 올렸다. '합

---

*'브런치스토리(Brunch Story)'는 대한민국의 IT 기업인 카카오의 블로그 서비스다. 누구나 가입할 수 있지만, 작가 활동을 시작하려면 신청을 한 후 선별 승인을 통과해야 한다. 공모를 통해 출판 기회를 제공하기도 한다.

격'이라는 문자를 받고 얼마나 기뻤는지 모른다.

　내 이야기를 꺼내는 것은 쉽지 않았다. 일단 끓어오른 열기는 그래도 괜찮다며 털어놓는 게 좋다고 했다. 나도 오랫동안 말하지 못한 게 답답했는지 아니면 들어주는 게 고마웠는지 고백하듯 술술 나왔다. 말수가 적은 편인 나는 누가 봐도 내향적인 사람이다. 그런데 웬걸, 그날부터 수다쟁이처럼 쉴 새 없이 쏟아내듯 글을 썼다. 쓴 글을 모두에게 공개하려면 '발행'을 눌러야 한다. 중압감이 컸다. '좋아요'라는 응원의 '라이킷'이 진동으로 울리는 느낌은 묘했다. 그런 느낌이 처음이라서 그랬을까. 시작하고 매일 밤늦도록 노트북 앞에서 키보드를 두드렸다. 입안이 붓고 뒷목이 뻐근해도 멈추지 않았다.

　'브런치스토리'에서는 다양한 작가들의 글을 읽을 수 있다. 나와 전혀 어울리지 않을 것 같은 개성 강한 작가들의 세계는 흥미롭고, 같은 길을 걷는 교사의 글을 읽으면 동질감을 느꼈다. 그들의 실력이 쟁쟁할수록 내가 초보라는 사실이 부끄럽고 위축되었다. 그러면서 비슷하게라도 쓰고 싶다는 열망이 생겼고, 질투가 느껴지기도 했다. 이런 자극은 글쓰기 관련 책을 읽으며 스스로 배우도록 이끌어 주었다. 그중에서 유독 마음에 들어 밑줄을 긋고 공부하며 읽은 책이 있다.

 책은 내 마음을 사로잡더니 깊이 빠져들게 했다. 우선 글을 쓰는 마음가짐부터 시작해, 글이 주는 위안까지 다양한 길잡이가 되어주는 요소들이 그 안에 들어있었다. 내가 가장 매력적으로 느낀 이유는 책을 통한 저자의 인상이다. 직접 만나지 않고는 제대로 알 수 없겠지만, 전체적인 맥락과 문장들 사이에서 그의 면모가 느껴졌다. 해박한 지식뿐만 아니라, 고루하지 않고 유연한 성품에다 사람에 대한 예의가 보였다. 따르고 싶은 선생님이어서, 나는 모범생처럼 고개를 끄덕이며 밑줄을 쳤다. 그만큼 배우고 싶었다. 마음에 쏙 드는, 많이 먹어도 체하지 않고 꿀꺽 삼키고 싶은 책, '어딘글방'을 운영하던 김현아(어딘)의 『활활 발발』이라는 책이다.

 '글을 다룰 줄 아는 사람이란 곧 삶을 해석할 줄 아는 사람이다. 경험을 몸에서 떼어내 세상 속으로 보내고 그 풍경을 곰곰이 들여다볼 줄 아는 사람이다.'

 '내 후회가 누군가의 희망이 되고 내 절망이 누군가의 징검다리가 되고 내 뜨거운 눈물에 춥고 뜨거운 누군가가 밥

을 말아 먹는다는 걸 아는 것, 글이 주는 위안일 것이다.'

'좋은 글의 요건. 첫째, 자신을 객관화할 수 있어야 한다. 둘째, 솔직해야 한다. 셋째, 마음이 기울거나 치우침이 없어야 한다. 넷째, 단순하고 담백한 문장을 쓴다.'

나도 이런 글쓰기 모임이 있다면 주저 없이 참여하고 싶다. 매주 주어진 주제에 따라 글을 쓰고 서로의 작품을 평가하는 과정이 힘들더라도, 그 안에서 배울 수만 있으면 좋겠다. 그것만으로도 충분히 만족할 것 같았다.

글도 사람처럼 젊어질 수 있을까? 그들의 글을 읽으면 대부분 솔직하고 담백하다. 콜라를 마신 것처럼 평범한 일상을 톡 쏜다. 유식한 척 자랑하지 않아도 탄산이 제대로 터져 참신한 맛이 난다. 그렇다고 가볍지 않다. 내면의 성숙인지는 모르겠다. 새로운 것을 받아들이는 유연성, 독특한 자기만의 방식을 찾으려는 태도가 젊은 글이라는 생각이 들었다.

다니던 직장마저 퇴직할 정도로 적당하게 익어버린 나. 당연히 발랄하지도 번뜩이지도 총명하지도 않다. 그런데도 활활 발발한 그들에게서 배우고 싶다니. 이건 책이 준 열정이다.

유턴해도 괜찮아
―권재원의 『직업으로서의 교사』

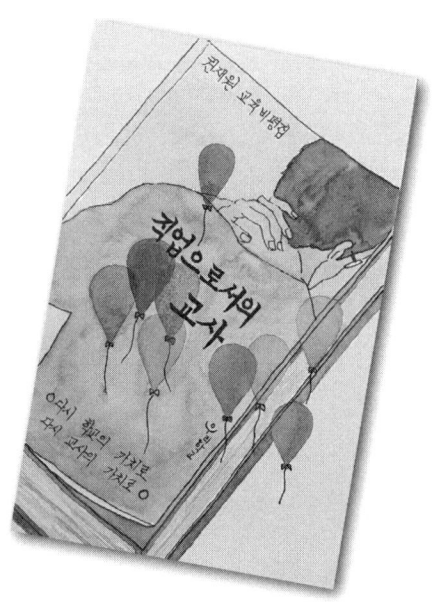

시내에서 좀 떨어진 곳으로 근무지를 옮겼다. 그 지역에서 일한 기간이 승진을 위해 필요했기 때문이다. 관심을 두고 일찍 시작했으면 좋았을 텐데, 나이에 비해 다소 늦게 시도한 편이다. 선배들은 물론이고 아는 동기마저 승진해서 학교관리자가 되었다. 10년 차에 나는 스스로 퇴직을 결심하여 경력에 공백이 생겼다. 재임용 절차를 거쳐 들어왔기에 승진은 감히 생각조차 하지 못했다. 같이 고생하며 근무한 동료가 어느새 어려운 보고서를 통과하고 힘든 업무를 이겨내더니 승진 대열에 올랐다. 게다가 한참 까마득한 후배들까지 치고 올라오는 상황은 나를 밀어내는 느낌마저 들었다. 그래도 내 능력 밖의 일이라고 생각했다. 별다른 생각이 없던 내게 주위 사람들이 권유를 해왔다. "정말 아깝다."는 꿀 떨어지는 말과 "충분한 능력이 있어."라는 듣기 좋은 소리를 들으니 그 자리가 내게도 어울려 보였다. 그렇게 승진으로 가는 대열에 합류했다.

새로 옮긴 근무지는 시내에서 한참을 가는 시골이다. 도심을 벗어나는 운전은 처음이라 불안해도 한적한 길이라면 자신 있었다. 그런데 출근길에서 만나는 차량이 생각보다 많았다. 신호라도 한 번 걸리면 대기 줄이 길어지고 꼬리물기를 해서라도 따라잡지 않으면 제시간에 도착하기 어려웠다. 운이 좋게 사거리 신호를 벗어나도 여전히 좁고 구불구불한 도로를 달려야 한다. 앞차 꽁무니를 열심히 쫓는 것이 가장 빠른 길일 뿐 다른 길이나 지름길은 보이지 않았다.

"참나, 이렇게 느리면 어떡해!"

추월조차 쉽지 않은 S자 도로가 계속이다. 나처럼 더딘 데다 설상가상 초보 운전자라도 만나면 지각할지 모른다는 걱정을 달고 다녔다. 그날은 그 걱정이 현실이 되었다. 예상대로 천천히 가고 있는 차가 맨 앞에 보였다. 그 뒤를 졸졸 따라가자니 답답했다.

그때, 좌측 사이드미러로 흰색 차량이 보였다. 한참 뒤에 따라오던 그 차는 갑자기 튀어나오더니 굉장한 속력으로 내 차를 지나 거북이 앞차까지 앞질렀다. 정말 '쏜살같다'는 표현이 딱 어울리는 운전 솜씨였다. 불만을 가득 담아 우쭐대듯 경적을 길고 크게 울리며 지나갔다. 반대편에서 오던 차가 위험을 피해 속도를 줄이는 모습을 보니 난 아찔하기만 했다.

"초보 운전이면 그럴 수도 있지. 목숨이 두 개라도 되는 모양이지!"

놀란 가슴을 추스르자마자 바로 내 앞의 트럭이 추월을

시도했다. 아뿔싸! 단숨에 앞지르기에 성공하고 말았다. 다음은 내 차례인데, 기뻐해야 하는 걸까. 백미러를 보니 제시간에 도착하려는 몇 대의 차량이 내 뒤를 바짝 따라붙었다. 도로의 원활한 흐름을 위해서는 필연적으로 추월해야 할 것 같았다. 그렇지 않으면 끈질기게 따라붙는 뒤차들이 가만있지 않을 거라는 압박감이 밀려왔다.

마침, 당신이 할 차례라고 허락하듯 반대편 차로에 차가 없었다. 시원하게 추월할 수 있다는 것을 보여주기 위해서 나는 액셀을 밟았다. 오른발에 힘이 들어가는 순간, 반대쪽 차선에서 빠르게 다가오는 차량에서 뿜어 나오는 불빛이 보였다. 상향등이 두 번 정도 번쩍이자 본능적으로 핸들을 돌렸다. 그 찰나에 죽을 수도 있겠다는 생각이 스치며 정신이 번쩍 들었다.

어차피 들어선 길이라면 어려워도 참고 견디려 했다. 익숙해지면 구불구불한 길이 한눈에 보일 정도로 내 실력이 늘 줄 알았다. 때로는 바쁜 사람들에게 양보하며 여유를 갖고 운전하고 싶었다. 하지만 난 그 도로에서 그런 것처럼 학교에서도 여전히 답답하고 더뎠다. 그러다 문득 깨달았다. 모두가 같은 방향으로 간다고 해서 굳이 나까지 서둘러 따라

갈 필요는 없었다. 무엇보다 앞서가는 관리자가 원하는 방향은 내가 가려는 길과 달랐다. 이런 차이 앞에서 내가 가고 싶은 길에 대한 자부심이 한 장의 종잇장처럼 가벼워지니 고단하기만 했다. 경고하듯 경적을 울려대는 것처럼 사람의 마음을 베는 소리는 불편했다. 그제야 잘못 들어선 길임을 알아차렸다. 가던 길을 멈추고 난 유턴을 선택했다. 그리고 그곳을 떠났다.

이 책은 독서 모임에서 논의한 적이 있다. 교사들로 구성된 모임에서 우리는 책 표지를 보며 많은 이야기를 나누었다. 표지 인물의 남다른 포즈 때문이다. 자신의 뒷목을 잡고 뒤돌아 있는 그를 보며, 다들 자신을 바라보는 것 같은 느낌을 받았다고 했다. 왠지 모르게 그가 짠해서 힘들었다고 한다. 『직업으로서의 교사』는 30년간 교육 현장을 지켜온 저자가 교사라는 자리를 돌아보며, 교사의 본질과 교육의 가치를 글로 옮긴 교육비평집이다.

저자는 내 고민과 같은 문제를 이미 자각하고 많은 글을 쓴 사람이다. 때로는 선배처럼 차근차근 교육의 가치를 설명하며, 고민하는 나 같은 이들에게 가야 할 길을 제시한다. 덧붙여 교육 현장의 문제를 알아챘다면 스스로 공부하고 깊이 성찰한 후 가르치라고 강조한다.

"교육은 기본적으로 학생의 행복을 목적으로 한다. 교육은 학생의 미래를 위해 존재하는 것이 아니라, 학생의 현재를 위해 존재한다. 교육은 배움 자체가 즐겁고 행복한 일이기 때문이다."

나는 교사로서, 또 한 사람으로서 과연 행복하게 지냈을까? 행복했던 순간도 있었고, 그렇지 않았던 순간도 있었던 것 같다. 하지만 언제나 즐겁고 행복하게 살고 싶었고, 시간을 더 가치 있게 보내는 방법에 대해 관심이 많았다. 그러나 경력이 쌓일수록 교육이나 업무, 생활지도는 쉽지 않았고, 오히려 더 큰 무게감으로 다가왔다. 갈수록 어깨가 처지고 의기소침해졌다. 비슷한 고민을 먼저 한 저자는 그것이 나 혼자만의 문제가 아니라며, 근거를 들어가며 위로한다. 절대 자책할 일이 아니라고, 함께 의견을 나누며 해결해야 할 일이라고 힘주어 말한다.

앞차 꽁무니만 쫓다가 목숨까지 내걸며 덩달아 추월도 했는데. 그래서 꼭 승진이라는 그 길을 가야 할 것만 같았는데. 하지만 그러지 않아도 충분히 난 괜찮았다.

너무 착하게 살지 마요
―은유의 『알지 못하는 아이의 죽음』

"저는 너무 두렵습니다. 내일 난 제정신으로 회사를 다닐 수 있을까요? 내일 인사과에 나를 때렸다는 사실이 전해질 텐데… 저는 과연 그 형의 반응을 버텨낼 수 있을까요? 내일이 되면 회사에 모든 게 알려지겠죠. 그럼…, 음… 괴롭힘 당하고 당하고 당하고 당했던 사람이기에. 변해야 했지만 결국 변하지 못하고 똑같이 반복해요. 선생님, 저… 무서워요…"

두려움으로 아래를 보며 뒷걸음치던 발. 한 글자씩 눌러가며 덜덜 떨었을 손. 이 글을 쓴 사람은 동준이다. 고3 학생이지만 기업 현장에서 실습생으로 일했으니 취업생이기도 하다. 길고 긴 핸드폰 문자를 받은 담임선생님이 "걱정하지 마, 네 뒤에 샘이 있잖아."라는 답장을 보내지만 받지 못한다. 동준이는 결국 스스로 목숨을 끊었다.

처음엔 현장실습생인 어느 고등학생의 단순 자살로 묻힐 뻔한 사연이었다고 한다. 은유 작가는 동준이의 실제 사연을 추적하고 관계된 이들과 인터뷰한 후 『알지 못하는 아이의 죽음』이라는 책에 이를 담았다. 회사의 주변인들, 동준이와 같은 어린 실습생들, 부모와 교사들의 입을 통해 동준이의 힘들었던 사회생활과 억울함이 차차 드러나게 된다. 저자는 아이들의 죽음과 함께 남은 자들의 반성과 우리 사회의 남루한 인권 의식을 세상 밖으로 내놓는다.

이제 겨우 18살. 우리 둘째보다 더 어리다. 방황하는 사춘기이기도 하지만 부모 밑에서 새 출발을 꿈꾸며 편하게 지낼 나이다. 하지만 동준이는 집안 형편을 생각해 빨리 돈을 벌어 자립을 꿈꾼 아이였다. 부모 속 한번 썩이지 않을 정도로 착하고 명랑했다고 한다. 도대체 그런 아이의 삶을 무너뜨린 것이 무엇인지 궁금하기만 하다. 사회생활의 첫 경험에 신났을 여리기만 한 아이의 뺨을 때리며 폭력을 행사한 회사의 형이라는 사람? 무조건 아무 일도 아니라는 듯 사건을 덮기에 급급한 회사? 아직은 학생이지만 어쨌든 취업은 했으니 책임지고 싶지 않은 교육계 사람들? 정작 그들은 피하기에 급급했고 동준이를 외면하고 잊으려고만 했다.

책을 읽기 전에는 짤막한 기사로 읽고 지나쳤을 사건이다. 나와 관계없는 일이라고 곧 잊고 외면하는 세상 사람들처럼 나도 그랬을 것이다. 그리고 죽음을 선택한 아이의 사정과 이유를 기사 하나로 온전히 이해하지도 못했을 거다. 바쁜 세상이라며 무관심했던 나는 동준이의 이야기와 다른 학생들의 죽음을 인터뷰한 이 책을 만나고 나서야 관심을 가지게 되었고 늦게서야 미안했다. 사회초년생을 열악한 작업 환경으로 내몬 사회에 분노하고, 투박하다 못해 함부로 대하는 어른답지 못한 어른이 많다는 점도 부끄러웠다. 과연 그 가운데 나는 없는 것일까?

끝까지 버텨내고 싶었지만 그러지 못해서 두려웠던 동준이. 절박했던 심정은 마지막 문자 속에 고스란히 녹아있다. 가슴이 아팠다. 그것은 이제라도 듣고 있다는 내 양심의 반응이었다. 나는 사회적인 약자를 위해 앞장서 도와줄 정도로 정의감 넘치는 사람이 아니다. 다만 민감하게 반응하고 귀 기울이는 사람이 되고 싶었다. 그런 내가 나중에 책이라는 기록을 통해서 겨우 그 사실을 알게 되었다니, 너무 형편없는 사람 같았다.

이름만 바뀌었을 뿐 동준이와 같은 사회초년생들의 아픈 소식은 끝이 없다. 그리고 안타까운 소식은 학교에서도 발생했다. 일을 시작한 지 1년이 조금 넘은 신규 교사의 죽음이었다. 그 소식을 들은 날, 지독한 감기가 낫지를 않아 힘에 부치던 아침이었다. 방학이 얼마 남지 않았으니 그나마 버티고 있었는데 놀란 마음에 기사를 클릭하던 손이 후들후들 떨렸다. 버거워서 놓고 싶다는 그의 마지막 문자가 마음을 눌렀다.

"버겁다. 다 놓고 싶다."

"엄마, 나 힘들어."

학교에 첫 발령을 받고 기뻐했을 그가 무엇이 버거워서 다 놓고 싶은 걸까? 대학을 졸업하고 꿈꾸던 일을 하는 하루하루가 분명 즐거웠을 텐데. 그런 그를 거칠게 몰아붙여서 무너지게 만든 건 무엇일까? 이 사건으로 교사들은 자주 모였고 같이 분노하고 슬픔을 나눴다. 말하지 못해 억눌렸던 이야기들은 봇물 터지듯 쏟아졌다. 그리고 어린 후배의 죽음 앞에서 우린 미안해서 고개를 숙였다.

책임감으로 끝까지 해보려고 애쓸수록 어긋나던 교실 상황은 나중에야 사실로 드러났다. 여린 그에게는 충분히 버거웠을 것이다. 짐작하고도 남을 아픔이 느껴지는 이유는 나도 그와 같은 교사라서다. 그리고 그런 비슷한 경험을 한 적이 있기 때문이다. 지난 일이지만 잊히지 않는다.

힘든 후배가 그 무렵에 도움을 요청했다. 얼마나 버티며 참았는지 그제야 알 수 있었다. 그것은 노력과 인내로는 해결하기 어려운 문제였다. 차마 견뎌보라는 말은 할 수 없어 학교에 도움을 요청했다. 적당한 해결책이 나와 위기는 면했어도 후배도 나처럼 마음에 깊은 생채기가 났다. 언젠가부터 나는 "힘내!"라는 말은 하지 않는다. 대신 "너무 착하게 살지 마."라고 한다. 이런 행동은 올바르지도, 현명한 대처 방법도 아니다. 다만, 착한 후배가 자신을 먼저 지켰으면 하는 마음에서 나온 말이다.

동준이와 서이초 교사의 사건을 보며 억울한 일이 계속되지 않기를 바란다. 그들의 죽음이 던진 질문은 우리가 풀어야 할 사회문제 그리고 교육 현장의 문제로 드러났다. 그래서 남은 자가 된 나는 생각하고 또 고민하며 답을 구한다. 그리고 미안하다. 좋은 곳에 갔을 그들에게 꼭 전하고 싶은 말이 있다.

"그곳에서는 너무 착하게 살지 말아요, 자신부터 먼저 지켜요."

빵 터지는 소통법
—이석구의 『두근 두근』

"브레드 씨를 이렇게 만나게 될 줄이야!"
"총무님이 브레드 씨를 직접 초대하셨죠?"

회원들이 브레드 씨를 언급하며 웃고 있다. '브레드'라고? 많이 들어본 이름인데, 도대체 누구지? 익숙한 그 이름을 머릿속으로 아무리 생각해봐도 떠오르는 사람이 없다. 다행히 짧은 시간 안에 그 인물이 누군지 알아냈다. 오늘 간식으로 나온 빵을 보고 말하는 것인데, 뒤늦게 알아차린 나 자신이 조금 창피했다. 사실, 그림책 주인공의 이름이 바로 Bread(브레드 씨)였다.

독서 모임의 살림꾼인 총무는 평소에 음료만 준비할 뿐 간식은 준비하지 않는다. 그런데 이번에는 모임 주제에 맞춰 어울리는 빵을 준비한 걸 보니, 의외로 센스가 돋보였다. 한 회원이 '브레드 씨'를 소환하자, 아침부터 몸이 찌뿌둥했다는 다른 회원도 빵을 보니 기분이 풀린다며 재치 있게 칭찬했다. 그 말을 시작으로 다른 회원들도 유쾌하게 분위기를 띄웠다.

마침 배가 고팠다. 중앙에 놓인 먹음직스러운 빵을 그대로 놓고 참기 어려운 일. 먹고 시작하자는 의견에 소라빵, 팥빵, 크림빵, 소보로 등 무엇을 고를지 고민했다. 좀 늦게 도착한 회원이 빵을 먹는 우리를 보고 '빵!' 터진다며 호탕하게 웃어젖힌다. 그는 참 빨리도 알아차린다.

『두근두근』은 우리나라 작가의 그림책이다. 요즘은 국내 그림책 작가들의 작품이 많기도 하지만 그림이나 내용에 있어서 그 수준이 세계적이다. 이 작품도 그중의 하나다. 나를 눈치 없게 만든 브레드 씨가 이 책의 주인공이다. 우리를 빵 터지게 만든 장본인이기도 하다.

혼자 산다는 이 남자, 꽤나 수줍음이 많다. 문 앞에 '두드리지 마세요. 들어오지 마세요.'라는 팻말을 걸어둔 걸 보니, 아예 철벽을 쳐서 사람들을 철저히 차단하는 듯하다.

그런 주인공에게 틈이 생겼다. 바로 빵을 굽기 시작하면서다. 배고픈 코알라가 먼저 문을 열었고, 남자는 빵을 만들어 대접하면서 남자의 손길을 알고 찾아오는 이들이 차차 늘어난다. 드디어 브레드 씨는 '두근두근 빵집'을 오픈하게 된다. 그의 유명세는 국경을 넘어 멀리 남극까지 알려진다. 마지막 장까지 읽으면 궁금증이 생겨 뒤표지에서 남극에서 온 손님을 찾게 마련이다. 작게 그려져 잘 보이지 않지만, 짐작건대 손님은 펭귄이다. 그렇다면 남쪽에서 온 그들에게는 어떤 빵이 어울릴까. 혹시 '얼음빵' 같은 신제품이 나오게 되는 건 아닐까.

'빵' 덕분에 굳게 닫혀 있던 마음의 문이 열리게 되었다. 놀라운 점은, 그로 인해 빵 가게를 열 만큼 모든 이에게 활짝 열려 있다는 것이다. 자세히 들여다보면, 사실 그 문을 연 것은 빵이 아니라 브레드 씨 자신이라는 것이다.

그는 배가 고프고, 잠이 오지 않고, 부끄러워 말이 나오지 않고, 추위에 떠는 이들을 그냥 돌려보내지 않는다. 빵과 차를 대접하며 상대방의 마음이 열릴 때까지 말없이 기다려준다. 들어주고 마주 앉아 차를 마시는 것. 이게 바로 브레드 씨의 놀라운 능력이다.

그와 반대로 우리 모임은 빠짐없이 자기 의견을 이야기해야 한다. 정해진 규칙도 벌칙도 없지만 그래야 한다고 서로를 부추긴다. 어떻게 읽었는지 어떤 문장이 좋았는지 그게 그림이든 글이든 나와 관계가 있는지 만약 아쉬운 부분이 있다면 무엇인지 말한다. 이러다 보면 2시간이 훌쩍 지나간다. 그런데 회원들의 말에 귀 기울이다 보면 생각하지 못한 점을 깨닫게 된다. 책은 혼자 읽는 것보다 함께 읽을 때 더 깊이 보이고, 더 넓은 세상을 바라보게 해준다. 『두근두근』 그림책을 읽고 나눈 회원들의 이야기는 이러하다.

"아무도 만나지 않으려는 은둔형 외톨이가 떠올랐어요. 그렇지만 심한 수줍음은 겉모습일 뿐 사실은 무척 외로웠을 거예요. 브레드 씨는 누군가의 방문을 기다렸던 것 같아요."

"정말 그 아이의 목소리를 들어본 사람이 없었어요. 친구들도 저도 마찬가지였어요. 점차 그 아이가 고립되더라고요. 걱정되어 짝을 만들어 주고 일부러 대화를 시도했어요. 그리고 어느 날 아이의 목소리를 들었는데, 말할 수 없이 기뻤어요. 문은 계속 두드려야 열리는 것 같아요."

"처음으로 방문한 코알라 덕분에 문이 열리기 시작합니다. 맛있게 먹었다는 코알라의 쪽지가 계속 빵을 만들 수 있게 용기를 준 거죠. 칭찬 한마디가 브레드 씨의 마음을 움직였다고 봅니다. 하지만 오늘도 저는 칭찬에 인색했습니다."

"여기에 등장하는 동물들은 현대인의 모습입니다. 누구나 겪을 만한 외로움, 불면증, 소화불량, 변비, 불안 등. 관계 속에서 힘들고 지친 모습들입니다. 그들은 브레드 씨의 빵을 먹으며 위안을 받고 살아갈 힘을 얻습니다. 브레드 씨는 제게 이렇게 말하는 것 같습니다. 오늘도 힘들었지? 나랑 같이 얘기해 보자. 인생 그거 별거 아니야!"

"빵은 맞춤 치료약 입니다. 불면증인 있는 코알라는 롤빵, 변비가 있는 쥐는 야채빵, 고양이는 붕어빵, 수줍음이 심한 사자는 두근두근빵을 주지요. 환자마다 치료 방법이 다르듯 손님에게 맞는 빵을 굽는 브레드 씨는 치료사입니다. 제가 방문하면 어떤 빵을 구워줄까요? 저도 치료받고 싶어요."

"빵은 브레드 씨와 다른 이들이 소통하는 매개체였습니다. 수줍음이 심한 사람들은 대화보다 빵이 효과적인 소통 방법이었을 것입니다. 빵을 통해 세상 밖으로 나온 거죠."

"브레드 씨는 제 남편과 똑같아요. 정말 낯가림이 심해요. 친구들에게 남편을 소개하려고 했는데 끝내 그 자리에 나타나지 않았어요. 남편에게 이 책을 알려주고 싶어요. 그리고 다른 사람과 소통하는 방법을 그와 얘기하고 싶어요."

크림빵이 그날따라 더 부드럽고 맛있었다. 그게 빵 맛이 좋아서인지 아니면 빵 터지게 만든 유머와 웃음 덕분인지 헷갈리지만 모임이 끝나면 빵집은 들러야겠다고 마음먹었다. 그런데 나만 그런 게 아닌가 보다. "제일 괜찮은 브레드 씨 좀 소개시켜주세요." 뒤늦게 재미를 느낀 누군가의 호출. 그리고 드러나는 수많은 브래드씨. 우리 동네에 그렇게 많은 빵집이 있는 줄은 몰랐다. 나도 두근두근 빵집에 버금가는 우리 지역의 빵집 몇 군데를 추천받았다. 마음에 드는 곳이 생겨 그곳을 가봐야겠다.

'아니오, 그건 싫습니다.'를 연습하자
―노인경의 『곰씨의 의자』

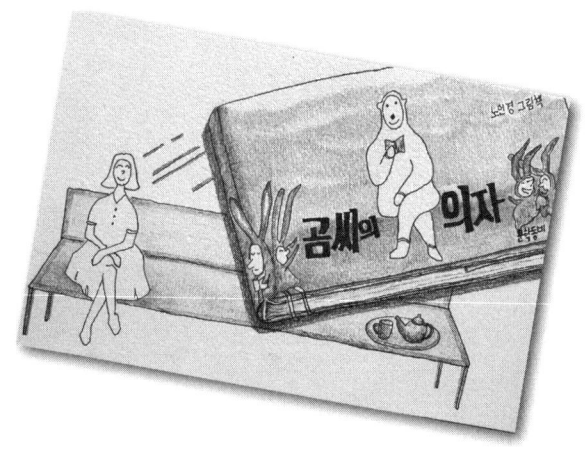

가족들이 앉아야 할 비행기 좌석이 여기저기 흩어져 있다. 단체여행이라고는 하지만 이런 경우는 흔하지 않다. 좀 의아하긴 해도 지쳐있는 몸은 이미 좌석 번호를 찾느라 바빴다. 남편은 멀찍이서 손을 흔들었다. 손짓에서 안타까움이 묻어났다.

우리 가족은 여행하는 중이라면 관대한 편이다. 특별히 불편하지 않으면 문제 삼지 않거나 묻거나 따지는 일이 거의 없다. 남편도 따로 있는 것이 그리 문제 될 것 없다고 말했다. 나와 아이들이 가까운 곳에 있어서 그나마 다행이었다. 도착할 일만 남았으니 피곤한 몸을 얼른 의자에 누이고 싶은 마음뿐이었다. 그렇게 모든 일정이 마무리되는 순간, 멀리서 내가 있는 좌석 쪽으로 오는 사람이 보였다. 건장한 체구의 그 남자가 점점 내 쪽으로 다가올수록 불안해졌다. 무슨 문제가 생긴 걸까? 좌석 번호를 잘못 알고 앉은 것은 아닐 텐데. 도대체 무슨 일이지?

"저랑 자리 좀 바꿔주실래요?"

뭔가 머뭇거리듯 멈추었지만 나를 향한 분명한 목소리였다. 그는 일주일 동안 같이 여행했던 일행 중 한 사람이다. 그러고 보니 그의 가족도 우리처럼 서로 떨어져 있는 것 같았다. 그의 처지가 눈에 들어왔고 이해가 되었다. 그 사람의 아이들이 우리 아이들보다 더 어리다는 사실이 고민으로 다가왔다. 그것 하나만으로도 그의 부탁을 들어줄 이유는 충분했다.

 선뜻 그러겠다고 말하지 못하고 머뭇거렸다. 그의 요구를 들어주자니 우리 가족은 정말 뿔뿔이 흩어지는 상황이었다. 남편과 떨어져 있는 사태가 못내 아쉬웠던 나로서는 주저할 수밖에 없었다. 초등학생을 데리고 다니던 그와 같이 온 그의 일행이 떠올랐다. 투정을 부리며 말을 듣지 않던 아이와 말리지 않는 부모들. 여행 내내 가이드와 입씨름하던 일행이었지만, 지금은 부모들과 떨어져 있는 아이들이다. 사정이 딱해 보였다. 그래서 좀 망설였던 모양이다. 그 짧은 순간이 길었는지 아까와는 다른 분위기의 목소리가 들렸다. 더 당당해졌다.

 "그쪽 자리랑 바꿨으면 좋겠는데요. 안 될까요?" 그의 말에서는 미안한 마음이나 어려운 말을 꺼내고 있다는 기색이 느껴지지 않았다. 순간, '내가 호구 같은 사람인가?'

 이런 호구 짓은 직장에서도 비슷하다. 언젠가는 학교관리자가 부탁할 일이 있다며 우리 교실로 찾아왔다. 관리자는 정중하게 말하고 있지만 좋은 소식은 아니었다. 갑자기 출

산휴가로 쉬게 된 동료의 업무를 내가 맡아주었으면 좋겠다고 했다. 어려운 일은 별로 없을 거라며 재차 예의 있게 부탁했다. 부담은 돼도 그의 말대로 어려워 보이지 않아서 망설이지 않고 그러겠다고 했다. 그 후 내 업무에 얹힌 두 개의 다른 업무까지 처리하며 일 년을 보냈다. 쉬워 보였던 그 일은 내 생각과 다르게 복잡하게 처리할 문제들이 발생했다. 버거웠던 시간을 보내며 호구 같은 자신을 자책했다.

그런데 거절하지 못하는 이 버릇은 여전하다. 남들이 하지 않으려고 했던 일을 어느덧 나란 사람이 하고 있었다. 못하는 이유를 들어가며 적당히 빠져나가는 후배들을 보면 바보가 별것 아니라는 생각마저 들었다. 봉을 잡히면서 이용까지 당하지는 않지만 '아니오. 그건 싫습니다.'와 같은 말을 못해 불편을 겪는 변변치 못한 사람이다.

비행기 안에서의 내 대답은 우물쭈물했고 어정쩡했다. 상대방에게 내 생각을 솔직하게 전하지 못했다. 만약 이 책의 곰씨를 먼저 만났다면 대답이 달라졌을까?

노인경의 그림책 『곰씨의 의자』에 나오는 그를 보자 마음이 불편했다. 답답할 정도로 곰 같은 주인공의 모습이 어쩐지 나랑 닮아 보였기 때문이다. 똑똑하지 못하고 끌려다니는 내 모습 같아 그가 안타까우면서도 속으로는 답답했다. 말 그대로 이름까지 '곰씨'다.

  그의 일상은 의자와 함께 시작한다. 페이지마다 등장하는 '의자'는 단순히 우리가 알고 있는 사물의 이름을 뜻하는 것을 넘어 곰씨의 시간적·공간적·심리적 영역을 통틀어 말한다. 그는 의자에 앉아 책을 읽거나 차를 마신다. 누구나 부러워할 정도로 여유로운 삶이다. 피곤한 여행자인 토끼가 나타나면서 여유는 사라지고 일상이 무너진다. 그의 의자를 권하기 시작하면서 상황이 달라졌다. 아니, 쓸데없는 오지랖을 부리더니 결국 보기 좋게 혼이 나게 된다. 같이 사용하게 된 의자는 토끼네 가족들로 들어찬다. 의자는 비좁고 곰씨는 불편해졌다. 예전의 일상으로 돌아가고 싶은데 그만 나가 달라는 말이 나오지 않는다. 나를 보듯 갑갑했다. 고구마를 먹고 체한 것처럼 꽉 막힌 느낌이다. 갈수록 한심해서 의자까지 토끼에게 뺏길 것 같아 걱정되었다. 괜히 곰 같다는 말이 나온 게 아니라는 생각이 들던 그때, 곰씨가 결단을 내린다.

"저는 그동안 힘들었어요. 함께한 시간은 소중하지만 앞으로 혼자 있고 싶어요."

결국 솔직하게 말하는 용기가 가장 중요하다. 곰씨가 그걸 해대다니 정말 대단하다. 그런 용기를 못 내고 속으로 끙끙 앓는 답답한 호구는 오히려 나와 더 닮아있다. 이제라도 곰씨에게 배운 대로 당당하게 말해야지 않을까. "아니오. 그건 싫습니다."

내 언어 온도는 몇 도일까
— 이기주의 『언어의 온도』

"재수 없어!"

갑자기 얼굴이 화끈거렸다. 그 말이 가리키는 사람이 바로 나였기 때문이다. 아이의 입에서 툭 하고 나온 말. 가시 돋친 날카로운 말을 던진 줄도 모르고 나를 보며 웃기까지 한다. 아무렇지 않게 고개를 끄덕이긴 했으나 이미 속은 거슬렸다. 불쾌했다. 억지웃음을 지으며 이야기를 계속 들었다.

"저는 이해가 안 돼요."

'그건 네가 아니라 적어도 내가 할 소리 아니니?'

입으로 새 나가지 못한 그 말을 다시 주워 삼켰다. 작심한 듯 누나의 허물을 열심히 고자질하는 중이라 우선 들어주기로 했다. 사사건건 트집 잡고 못살게 굴어 밉다는 누나. 다툼 끝에 나온 말이 '선생님, 재수 없어!'란다. 그렇게 말하는 누나가 이해 불가라서 속상하단다. 거기까지 이야기를 나눈 후 우리는 그만 상담을 마쳤다. 더 이상 그들 사이에 끼고 싶지도 더더욱 남매 싸움에 소환되어 '재수 없는 사람'으로 남고 싶지 않다는 생각이었다.

나는 이 남매를 가르쳤다. 담임으로서 이런 상황을 맞이하게 되면 '인연'이 깊다고 표현하곤 한다. 이런 경우는 흔치 않다. 감사의 말을 전하며 졸업식에서 같이 사진을 찍은 기억도 생생하다. 반갑다는 부모에게 졸업한 제자의 안부를 물었던 일이 엊그제 같은데 이런 말을 듣게 되다니. 그런데 왜 그 아이는 나를 향해 날을 세웠을까?

그날은 수련회 마지막 날이었다. 점심 무렵의 햇볕은 뜨거웠다. 거의 뜬눈으로 뒤척인 데다 지치고 피곤해서 얼른 집에 가고 싶었다. 6학년 수련회를 마치고 반별로 해산하려는 우리에게 교장은 운동장에 줄을 서라고 했다. 그리고 이어지는 훈화. 마이크를 통해 쩌렁쩌렁 들리는 소리는 '다들 수고했으니 주말 동안 잘 쉬거라.' 대충 그런 말이다. 그 말이 아니라도 집에 가자마자 학생들이 지쳐 쓰러질 것이 뻔하다. 이렇게 땡볕에 서서 훈화를 듣기보다는 1초라도 빨리 하교시켰으면 싶었다. 속으로 그랬을망정 내색하지 못하고 참고 기다렸다. 5분 정도 지났을까. 이제 조금만 기다리면 끝날 것 같았다.

"선생님, 진짜 언제 끝나요?"

우리 반이 서 있는 쪽에서 소리가 들렸다. 더 이상 참을 수 없다는 듯이 짜증을 담은 목소리다. 귀라도 둔하고 무디면 좋았을 텐데. 아이의 감정이 거울처럼 그대로 반사되어 고스란히 전해졌다. 어느 때보다 날카롭고 곱지 않은 시선으로 쳐다봤다. 가만히 기다리던 다른 아이들이 그런 나를 보고는 흠칫 놀라는 기색이다. 하지만 그 아이는 아랑곳하지 않고 팔과 다리를 흔들며 온갖 성질을 부렸다. 다행히 학년 부장의 귀에까지는 들리지 않은 것 같았다. 귀찮아질 상황이 생기는 게 싫어 아이가 있는 곳으로 갔다.

"넌 왜 그렇게 이기적이야!"

'우리, 좀만 참아보자.'라는 말 대신에 참았던 내 화까지 보태어 쏜살같이 나갔다. 순간 아이의 얼굴빛이 변했다. 그런 말이 담임의 입에서 나올 줄은 몰랐던 모양이다. 놀란 눈으로 나를 쳐다보다가 다시 고개를 휙 돌렸다. 순간적으로 너무했나 싶었지만 얄미운 마음이 컸기에 나도 그 자리를 벗어났다.

책 『언어의 온도』에는 '머리에만 남겨지는 게 아니다. 가슴에도 새겨진다.'라는 말이 있다. 어쩌면 수련회 마지막 날에 쏘아붙인 말이 그 아이에게 상처로 새겨졌을지도 모른다. 운동장에서 우리를 세운 행동에 큰 실망을 느낀 나는, 펄펄 끓는 운동장의 열기보다 더 뜨거운 분노를 아이에게 쏟아냈을 것이다.

'왜 그렇게 이기적이야!'라는 말도 있지만, '힘들지? 조금만 참아.'라는 말도 있다. 굳이 그렇게 감정적으로 반응해야 했는지 모르겠다. 어른답게 행동하지 못하고 감정에 휘둘린 것 같다. 이제야 비로소 '재수 없어!'라는 말이 나를 향한 이유를 이해하게 되었다.

언어에 온도를 담은 책 제목을 보고 꼭 읽어보고 싶었다. 나의 부족함이 양심에 걸려 그 책에 눈길이 가고 마음이 갔다. 『언어의 온도』를 처음 만났을 때, '내 언어 온도는 몇 도일까?'를 상상했다. 불편할 정도로 너무 뜨거우면 참 곤란하겠고 그렇다고 곁을 주지 않을 정도로 차갑고 냉기가 돌면 그것도 고민이다. 그렇다면 따뜻한 말을 사용하는 사람의 인품과 언어 사용법을 배우고 연습하면, 나도 더 나은 사람이 될 수 있을 것 같았다. 하지만 『언어의 온도』를 쓴 저자는 그런 방법이나 그런 사람들을 소개하지 않는다. 그리고 온도를 측정하는 우를 범하지도 않는다.

저자는 사람을 보는 눈이 맑고 투명하다. 따뜻한 시선으로 관찰하고 들여다본다. 그래서 몽니를 부리거나 열망이 탐욕으로 변해도 그의 사연을 짐작하고 이해하려고 귀 기울인다. 그래서 처음 만나는 이웃들의 행동과 말을 그냥 지나치지 않는다. 보이지 않는 다른 사람의 마음을 읽어나가는 능력이 놀라울 정도다. 그중 전철 안에서 마주 앉아 들었다는 이야기가 마음을 울렸다. 아픈 손자와 할머니가 주고받는 이야기는 사소한 대화에서 시작한다.

"할머니는 내가 아픈 걸 어떻게 그리 잘 알아요?"

"그게 말이지. 아픈 사람을 알아보는 건, 더 아픈 사람이란다."

나는 아픈 손자의 질문에 당연히 "네 할미니까 잘 알지!"라고 대답했을 거라고 단순히 생각했다. 그렇지만 할머니의 사랑은 그 이상이라고 저자는 말한다. 아마 본인이 아파 봤기 때문에 손자를 아프지 않게 해주려는 마음이 아니겠냐고 둘의 마음을 헤아린다.

언어는 각자 나름의 온도가 있다고 글쓴이는 말한다. 온기 있는 언어는 슬픔을 감싸 안아주며 지친 이들의 이야기와 고민을 주고받으며 위안을 받는단다. 용광로처럼 뜨거운 언어에는 감정이 잔뜩 실려있기 마련이라 말하는 사람은 시원할지 몰라도 듣는 사람은 정서적 화상을 입을 수 있다고 한다. 나를 두고 한 말 같아 어찌나 뜨끔했는지 모른다.

감정이 실린 말은 위험하다. 특히 불편하고 짜증이 나는 감정이라면 더욱 그렇다. 상대방이 어리다면 조심해야 하는

데, 나는 오히려 함부로 뱉었던 것은 아닌지 스스로 채찍질하며 되돌아보았다. 교사라는 이유로, 나이가 많은 어른이라는 이유로, 혹은 부모라는 이름으로 아무렇지 않게 던지지는 않았는지…. 어쩌면 그런 말들을 셀 수 없이 많이 한 것 같다.

꽁꽁 얼어붙은 손을 주머니에 넣으면 핫팩 덕분에 금세 따뜻해진다. 가슴에 핫팩을 품고 말하면 예전보다 나아질까? 그때보다 내 언어의 온도가 조금 더 따뜻해졌으면 좋겠다.

정말 읽기 싫은 책
―미치 앨봄의 『모리와 함께 한 화요일』

낯설지 않은 책. 제목부터 익숙하다. 후배는 오래전에 느낀 감동을 다시 느끼고 싶어 추천한다고 운을 뗀다. 겉표지만 봐도 이미 안다는 표정들. 실존 인물이라는 점과 영화로 제작되어 더 유명해진 작품. 죽음을 다룬 이야기. 모두의 반응까지 조용히 듣던 후배는 자신에게 어떤 삶을 살아가면 좋은지 질문했던 책이라고 강조한다.

독서 모임에서 그 책을 선정할 것인지의 판단은 회원들의 몫이다. 추천하는 이유와 근거를 명쾌하게 발표하는 첫 발표자에 이어 읽기 편하고 무겁지 않은 책, 베스트셀러가 된 책이 뒤따라 소개된다. 그런 진부한 선배들과는 차원이 다른 후배의 PPT는 그래서 인기 만점이다. 준비한 설명이 신선해서 읽고 싶게 만든다. 어필하는 방식은 달라도 투표를 통해서만 지정 도서는 결정된다. 어떤 책이 1위에 뽑힐 것인가? 지켜보는 일은 재미있다. 나도 마음에 드는 책을 골라 투표했다. 그런데 『모리와 함께 한 화요일』이라니.

모두가 읽고 싶어 한다고? 나만 이상한 걸까? 특별한 이유는 없지만 정말 읽기 싫었다. 하지만 다음 모임을 위해 책을 펼치고, 저자 미치가 안내하는 대로 주인공 모리의 방으로 따라갔다. 책을 보는 내 뚱한 표정만은 그가 눈치채지 않기를 간절히 바랐다. 루게릭병에 걸려 꼼짝없이 누워있는 모리. 누군가의 도움 없이는 살 수 없는 그가 힘겨워 보인다. 그런데도 그는 굳어가는 몸을 받아들이고 죽음도 두려워하지 않는다. 누가 내 뒤를 쫓는 것도 아닌데 그만 책에서 벗어나고 싶었다. 마침 미치와 마지막 인사를 나누는 장면이다. 이야기도 막바지에 다다른 것 같다.

"우리… 이렇게… 작별 인사를… 하자…."
"자네를… 몹시… 사랑하네."
"저도 사랑해요. 코치."

나도 얼른 모리에게 작별 인사를 전했다. '정말 훌륭하세요! 책을 통해 알게 되어 영광입니다.' 그리고 마지막 페이지를 향해 빠르게 내달렸다.

독서 토론 날. 모임 회장이었던 나는 어떤 이야기가 오고 갈지 궁금하면서도 두려웠다. 처음부터 죽음이라는 주제가 꺼림직했기에 신경을 쓰며 모임을 이끌었다. 삶과 죽음에 대한 회원들의 열띤 토론이 2시간 동안 이어졌다. 자꾸 교실 벽에 걸린 시계를 쳐다보았다. 애써 부인해도 소용없었나 보다. 이유는 짐작한 그대로다. 그것은 내 무의식 속에 숨겨져 있던 아버지의 죽음과 관련돼 있었다. 아버지의 죽음은 내게도 힘들었기 때문이다.

  염하는 날, 친척들이 다 모였다. 유리창 너머로 반듯하게 누워있는 사람은 분명 아버지가 맞다. 그걸 알면서도 눈물이 나지 않았다. 아버지는 반듯한 자세로 주무시듯 생전 그대로였다. 중환자실에서 보던 모습과 너무나 똑같아 낯선 느낌조차 없었다. 젊지는 않아도 농사일 좀 해본 짱짱했던 근육은 쪼그라져 뼈만 앙상하고, 삭정이처럼 삐쩍 마른 두 다리는 오랫동안 움직이지 못했다고 말한다. 그런 두 손을 가지런히 가슴에 모으는 장의사의 손길이 조심스럽기만 하다.

  낙상 사고가 난 후 중환자실에서만 6개월을 계셨다. 경추 3번과 4번의 신경이 눌려 예후가 좋지 않다는 의사의 말대로 아버지는 점점 몸이 굳어갔다. 발가락부터 시작해서 온몸으로 퍼져 나중에는 폐까지 멈췄다. 숨을 쉬기 위해 목에 관 삽입 시술을 받았다. 나아지면 원래 상태로 돌려놓겠다는 말에 동의했지만, 그 이후로 아버지의 목소리를 더는 들을 수 없었다.

  동생과 나는 그 일을 두고두고 후회했다. 말하지 못하는 것이 얼마나 비참한 삶인지를 차츰 알게 되었기 때문이다.

의료 기계로 유지되는 삶, 욕창이나 생리현상조차 느끼지 못하는 몸, 살아있다는 반응을 보이는 것은 오직 두 눈뿐이다. 비참한 그 모습을 지켜보는 일이 힘겨웠다. 급기야 절대 해서는 안 될 생각마저 스쳤다. 중환자실 침대의 주인들은 대부분 의식이 없는 환자들이다. 차라리 그들처럼 잠자듯 누워있는 게 덜 참혹하지 않을까 싶었다.

"집에 가고 싶으세요?"라고 물으면, 아버지는 절망이 담긴 눈으로 깜박였다. 그렁그렁 눈물이 고이고 흘러도 난 아버지의 소원을 들어줄 수 없었다. "조금만 기다리세요." 희망을 가장한 거짓말을 되풀이할 뿐이었다.

병세가 안 좋아져 투석실로 옮긴 날이었다. 어두웠던 얼굴이 그날따라 편안했다. 수면제로 늘 멍하던 눈이 어느 때보다 맑았다. 울기만 하는 나를 오랫동안 바라보기만 하셨는데, 그게 마지막이었다. 나는 전혀 눈치채지 못했는데 아버지는 예감한 걸까. 그래서 주검이 되어 반듯하게 누워있는 아버지가 평온해 보였다. 병중에서 보낸 일이 기막히다 못해 지옥 같아서 가까스로 탈출하고 이렇게 쉬고 있다고 말하는 것 같았다.

모리는 "누워서 살아간다고 해도 달라지는 것은 없어."라며 사람들을 만나고 TV에 출연한다. 그리고 멋진 일도 계획한다. 날짜를 잡고 사람들을 불러 '살아있는 장례식'을 치른다. 각자 준비한 말과 글을 전하며 누구는 울고 몇몇은 소리 내어 웃기도 한다. 이 장면은 독서 모임 회원들에게 주요한 시사점이 되어 토론을 이끌었다. 슬픔에 잠긴 기존의 장례식과는 달리, 서로의 어깨를 다독이며 진심을 전하는 시간이었다. 이런 이별이라면 근사하고, 따뜻하며, 의미 있어 죽음조차도 슬프지 않을 것 같다는 온갖 긍정적인 반응이 쏟아졌다.

아버지는 돌아가실 때 내게 아무 말도 남기지 못했다. 그래서 모리와 그의 가족들이 나눈 작별 인사가 무척 부러웠다. 가장 감동적이면서도 괴로웠던 장면은 모리와 미치의 진심 어린 이별이었다. 두 사람이 서로 사랑한다고 고백하며 마지막 인사를 나눌 때, 참았던 눈물이 주르륵 흘렀다. 돌아보면 왜 그 감정을 억누르려 했는지 모르겠다. 차라리 실컷 울었으면 좋았을 텐데.

처음부터 이 책이 마음에 들지 않는다며 온갖 투정과 핀잔을 쏟아냈다. 그러나 가만히 생각해 보니 아버지와 나도 충분히 이별 인사를 나누었다. 이는 글을 쓰며 얻은 해답이다. 그날 투석실에서 나를 한없이 바라보던 눈빛. 그건 아버지가 마지막으로 전한 진심이었다. 생각할수록 괜한 투정과 핑계로 읽기 싫다며 끊임없이 투덜거렸다. 하지만 이 책은 아무런 잘못이 없다. 시비를 거는 쪽이 유치하고 옹졸했을 뿐이다. 내 부족한 시각을 돌아보니 얼굴이 화끈거릴 정도로 부끄러웠다.

4부
책이 남긴 내면의 울림

지랄 총량의 법칙
무식하면 죽을 수도!
엄마는 착실하게 세금을 내고 있습니다
논두렁을 아프리카 초원으로 만든 친구
복숭아꽃이 피면 아버지가 생각난다
아버지가 유산으로 남긴 3단 옷장
딱 3천 원이야!

지랄 총량의 법칙
—최재천의 『과학자의 서재』

세상엔 여러 법칙이 있다. 질량 보존의 법칙, 샤를의 법칙, 만유인력의 법칙 등. 오랜 연구를 통해 얻은 인류사의 유의미한 놀라운 발견들이다. 그들의 이론은 때론 다른 이에게 자극을 주며 근대 과학의 발전을 가져오게 했다. 하지만 이 법칙들이 내 삶에 끼친 영향력은 거의 없는 편이다. 오히려 그런 위대한 법칙보다 나를 바꾼 획기적이고 놀라운 법칙을 알게 되었다. 바로 '지랄 총량의 법칙'이다.

지랄 총량의 법칙?

사람이 살면서 해야 할 '지랄'이라는 것이 있다면 정해진 총량대로 행동한다는 의미다. 야단법석을 떨며 분별없이 함부로 행동하는, 속된 말로 '지랄'이라는 말을 넣어 만든 법칙이다. 중2 때 지랄을 떨지 않으면 나중에 엉뚱한 방향으로 분출될 수 있다는 논리를 제공함으로써 나 같은 부모들의 마음을 달래고 위로해 준다.

아들은 중2병을 심하게 앓았다. 제대로 겪는 것이 부모로서는 안타까움을 넘어 두려웠다. 무난하던 초등학생 때와 다르게 중학교에 들어가서 잘 적응하지 못했다. 혼자 있기를 고집한 후에는 단체 생활을 싫어하고 자신만의 동굴을 만들어 그 속에 들어가면 나오지 않았다. 친구들과 어울리지 못하는 아이는 점점 말이 없어졌다. 자살하는 청소년이 늘었다는 소식은 불안한 내 마음에 언제 터질지 모를 폭탄을 품은 듯한 기분이었다. 방이 너무 조용하면, 잘못된 선택을 상상하며 슬며시 방문을 열어보곤 했다.

나는 아들을 위해 다른 도시에 있는 청소년 전문 상담센터에 다녔다. 전문가와의 상담은 무난하게 진행되었고 오가는 차 안에서 아이와 자연스럽게 이야기를 나누었다. 1년을 넘기지 않았고 아이는 동굴에서 나오기 시작했다. 우려했던 일은 없었고 중학교도 무사히 졸업했다. 거기서 그 지랄의 총량이 다 채워졌으면 얼마나 좋았을까.

이번엔 게임에 빠져 남다른 열정을 불태우기 시작했다. 하루 종일 방 안에 앉아 컴퓨터 화면에만 집중해도 지치지 않는 것이 신기할 정도다. 그러다 속도가 나지 않는 기계에 온갖 짜증을 부렸다. 학교 가고 밥 먹는 시간 외에는 컴퓨터와 사랑에 빠진 아들을 고스란히 지켜보는 일은 미칠 노릇이었다. 가상현실에 빠져 있는 모습은 영화 「매트릭스」를 연상시켰다. 현실은 외면하고 매트릭스와 같은 가상 세계에 영원히 갇혀 있을까 봐 불안했다.

뭐라도 붙잡고 싶은 심정이었던 그때, 선배 교사의 조언으로 알게 된 것이 '지랄 총량의 법칙'이다. 뒤통수를 아주 세게 얻어맞고는 기발한 이론에 손뼉을 쳤다. 게임을 두고 전쟁 같은 대치 상황이었기에 내게는 해답이나 다름없었다. 총량이 다 채워져야 끝이 난다는 말은 곱씹을수록 맞는 말 같아서 그동안 사춘기 아들을 이해하지 못한 무지를 깨달았다.

컴퓨터 전문 업체를 찾아갔다. 게임 총량을 다 채울 때까지 지치지 않고 버틸만한 충분한 용량이 필요하다고 했다. 이것저것을 살피며 갖고 싶은 컴퓨터를 고르던 아들의 입이 점점 벌어졌다. 그런 해맑은 얼굴은 정말 오랜만이다.

새 컴퓨터로 온종일 게임을 즐기는 아들의 얼굴은 나날이 밝아졌다. 거기에 누나로부터 플레이스테이션 게임기를 선물 받고는 벌어진 입을 다물지 못하며 지냈다. 아들은 학교 공부와 게임을 병행하며 학창 시절을 보냈다.

조금씩 게임의 총량이 채워지는 걸까? 게임 하는 시간을 적절하게 조절하는 듯 보였다. 그래도 공부를 대하는 태도는 변하지 않아서 책이라도 봤으면 했다. 마침 최재천의 『과학자의 서재』가 눈에 띄었다. 청소년이 가장 만나고 싶은 과학자로 알려진 이유 때문일까. 청소년 권장 도서로 추천되었다. 하지만 나와 같은 부모 또는 어른이 읽어도 좋은 내용들이 빼곡하다. 시인을 꿈꿨던 그가 행복한 과학자의 삶을 살기까지의 이야기를 흥미롭게 담은 책이다.

누구나 방황의 시절은 있다. 저자 역시 그럴 때마다 귀인처럼 나타나 새로운 세계로 이끈 존재가 있었다고 한다. 짐작한 대로 그건 '책'이다. 특히 어머니가 사준 세계문학과 우리나라 단편 소설집이 인생 전반에 많은 영향을 주었다고 한다. 남다른 문학적 감수성으로 수많은 책을 쓴 토대가 어쩌면 어머니로부터 온 것이라는 생각이 들었다.

나도 저자의 어머니처럼 책을 사주고 싶었다. 얼마라도 좋으니 게임기 말고 책이라면 책꽂이마다 넘치도록 채워줄 수도 있다. 저자처럼 훌륭한 사람으로 성공하길 원해서가 아니다. 지식보다 지혜를 찾으려는 그의 현명했던 삶을 아들이 조금이라도 닮았으면 하는 마음이었다.

"공부하기 싫으면 이 책이라도 읽어볼래?"

내가 내민 책을 쳐다보지도 않고 고개만 끄덕이는 아들. 놓고 간 책은 그 이후로 게임에 밀려 오랫동안 외면을 당했다. 다행이라면 게임에 대한 지랄 총량의 수위가 점차 안정권을 보이기 시작했다는 것이다.

대학생이 된 이들은 지금도 게임을 좋아한다. 그리고 나른 취미로 피아노와 운동을 즐긴다. 책이 아닌 다른 것을 통해 자신만의 꿈을 찾는 아이가 되었다. 거기다 마음이 놓이는 것은 자신이 마음에 드는 것들로 채워가며 '지랄'을 벗어나고 있다는 것이다. 이제는 책이며 공부는 권유하지 않는다. 아들은 권유보다 더 좋은 방법을 이미 알고 있는 눈치다. 어쩌다 말이 나와 아들에게 신간 책 이야기를 할 때가 있다. 관심 없는 척하면서 "나도 읽고 싶었어."라고 무심하게 답한다. 간섭 대신 스스로 선택하는 즐거움을 맛보려는 의도적인 무심함이다. 그렇게 바랐던 '지혜'는 아들이 아닌 엄마인 내게 더 필요했는지도 모르겠다.

무식하면 죽을 수도!
―우종영의 『나는 나무에게 인생을 배웠다』

그날은 유난히 추웠다. 물오리를 보며 바람이 없는 당진 천변을 걸었다. 걷는 건지 오리를 보는 건지 구분할 수 없을 때쯤 '이팝나무길'이라는 안내문을 만났다. 그제야 정신이 들어 뒤돌아보니 이팝나무들이 호위병처럼 줄지어 있었다. 적어도 20년은 훌쩍 넘어 보였다. 옷을 벗은 겨울나무는 버짐 하나 없는 깔끔한 겉모습에 정장을 입은 듯 반듯하였다. 굵은 가지들은 촘촘히 위로 뻗어서 마치 잘 만든 부케 같았다. 나는 조경 전문가나 나무 박사는 아니지만 수형이 빼어난 그 모습을 한참이나 쳐다봤다.

이팝나무를 보자 지난 일이 생각났다. 무식하면 죽을 수도 있다는 깨달음을 준 사건이다. 남편과 나는 뜻하지 않게 고향집 근처에 황무지와 다름없는 땅을 사게 됐다. 쓸모없는 땅이었고 농사지을 형편도 안 되어 우선 내버려 두었다. 내팽개친 땅에는 잡목이 터를 잡기 시작해 사람 키를 훌쩍 넘고, 물 만난 고기처럼 제 세상을 만난 풀은 밀림을 이루었다. 궁리 끝에 우리는 그 땅에 '이팝나무'를 심었다. 어린나무는 거름기 하나 없는 땅에서 뿌리를 내리느라 삭정이처럼 메말라갔다.

"저렇게 비리비리하게 생겼는데 제대로 자랄까?"

"알아서 크겠지."

우리는 나무를 한 번도 길러본 적이 없는 풋내기 농부였다. 정작 '이팝나무'에 대해서는 아는 것이 없었다. 한여름 햇빛에 제 키를 무럭무럭 키우는 모습에 그저 흐뭇할 뿐이다. 비가 내리면 따뜻한 햇살에 경쟁하듯 풀이 드세게 올라왔다. 근처에 살면 자주 가서 뽑아 줄 텐데 그럴 만한 여유가 우리는 없었다. 그때만 해도 당진에서 고향까지는 2시간이 못미처 걸렸다. 햇볕이 뜨거울수록 나무보다 풀이 더 잘 자랐다. 손이 닿지 않으니 나무밭인지 풀밭인지 모를 지경에 이르자 남편은 자신이 나설 때라고 말한다. 풀을 베겠다고 했다.

남편은 해도 뜨기 전에 일어나 낫을 잡았다. 서둘러야 뜨겁지 않다는 조언은 아침도 먹지 않고 낫질부터 하게 했다. 해가 떠오르고 여름 열기가 점점 강해져도 낫질은 멈추지 않았다. 뒤늦게 시작한 내가 거들어도 시원치 않았다. 뻔한 초보 솜씨를 비웃기라도 하듯 거칠게 자란 풀들은 억세기만 했다.

풀 베는 성적이 도통 늘지 않게 되자 이번에는 돌아가신 아버지가 쓰던 예초기를 찾았다. 창고에서 잠자던 기계를 몇 번 만져본 후에 남편은 자신감이 붙은 표정을 지었다. 낡은 기계까지 동원한 풀밭은 더위만큼이나 신경질적인 소리를 냈다. 풀을 이전과 다르게 빠른 속도로 베어나갔고 그는 멈출 생각이 없는 것 같았다. 기세를 잡은 듯 보여도 새벽부터 풀과 싸우느라 그는 땀범벅이었다. 엄마와 내가 할 수 없이 나섰다.

"이 사람아, 더위 이길 장사는 없는 베벼(법이여)."

"여보, 큰일 나겠어, 얼른 나와요."

지금 생각하면, 알고는 절대 할 수 없는 일이다. 모르니까 무식하게 뛰어든 것이지. 생전의 아버지는 꼭 새벽에 나갔다가 얼굴이 뜨거워질 정도로 햇빛이 강하면 집으로 돌아오셨다. 그런데 농사 한 번 짓지 않은 사람이 풀밭에서 나오지 않는 것이다. 꿈쩍하지 않고 쓸데없는 고집을 피우는 모습에 속이 탔다. 빨리 나오라는 외침은 예초기 소리에 묻혀 사라졌다. 그는 풀과 전쟁이라도 시작한 양 물러나지 않겠다며 욕심을 부렸다. "조금만, 조금만 하면 돼." 뜨거운 해가 이젠 정수리까지 올랐다. 지켜보기만 해도 난 어지러웠다.

더위 이길 장사는 없다. 더는 일할 수 없다고 판단한 그는 예초기를 메고 집으로 돌아왔다. 풀은 대략 다 베었다고 말하는 얼굴이 술을 먹은 사람처럼 시뻘건했다. 쓰러질 듯 걸어오는 그를 보고 화가 나 말이 곱게 나가지 않았다. "일사

병이 얼마나 무서운데!" 찬물로 씻고 나온 남편에게 소금 한 스푼과 물을 주었다. 남편은 곧 쓰러지듯 누웠고 다행히 몸의 열기는 내려갔다. 혼이 난 남편은 깨어나자 겨우 이 말을 뱉었다. "죽을 뻔했네!"

초보 농부는 죽을힘을 다해 나무를 돌봤다. 9년이 된 나무는 수형이 잡히면서 당진천의 이팝나무를 조금은 닮아가고 있다. 밑에선 여전히 풀이 자라고 있지만 경쟁상대가 되지 않는다. 나무 그늘이 생기면서 서서히 제풀에 꺾이는 수준이다. 원래 그랬다는 듯이 나무는 스스로 제 앞가림을 하는 중이다. 소복하지는 않지만 제법 하얀 꽃을 피우기라도 하면 내 입에서는 환호성이 저절로 나온다. 깨닫지 못했을 뿐 처음부터 나무는 자기 할 일을 알고 있는 것 같다.

우종영의 『나는 나무에게 인생을 배웠다』라는 책은 나무 이야기로 가득하다. 나무 이름과 습성 그리고 나무에게 배운 삶의 지혜를 읽는 재미가 쏠쏠하다. 30여 년을 나무와 함께 한 그의 인생은 나무와 무척 닮았다. 이팝나무 9년은 명함도 못 내민다.

'나무는 일단 뿌리를 내리고 나면 주변의 환경에 강하게 맞선다. 움직이지 못하는 건 어쩔 수 없어도, 이 땅 어느 생명보다 잘 살아갈 수 있다는 걸 온몸으로 보여준다. 그래서 살아 있는 동안 나무는 느슨한 법이 없다.'

  나무를 키우며 저절로 크는 생명은 없다는 것을 실감한다. 길가의 벚나무, 은행나무, 소나무, 심지어 잡목일지라도 내 눈길은 예전보다 성숙하고 다정해졌다. 그 땅에 뿌리를 내리며 견딘 수고로움을 조금은 이해한다는 표시다. 이팝나무 덕분이다.

  남편은 요즘 이상한 소리를 자꾸 한다. 해가 뜨고 지는 때를 봐가며 나무를 심어야 한다고, 그에 맞는 적당한 양의 거름을 언제 줘야 좋은지, 그리고 낫을 들어야 할 때가 있는가 하면 풀을 단번에 잡을 때가 있다고 한다. 제초제 없이 튼튼하게 자라게 하는 시기와 방법까지 줄줄이 말하면 나도 모르게 믿게 된다. 땅만 봐도 나무가 잘 자랄 곳인지 예언까지 하는 걸 보니 제대로 풍월까지 읊어댄다. 무식하게 덤빈 덕분에 나무가 되려 알려준 게 많은가 보다.

엄마는 착실하게 세금을 내고 있습니다
—강현숙의 『치매 때문에 불안하지 않으면 좋겠습니다』

엄마가 길을 잃었다. 그것도 엄마가 살던 아파트 앞에서. 주간보호센터 차에서 내리면 바로 107동 앞이다. 조금 걸으면 현관으로 가는 계단과 엘리베이터가 있다. 평소 같으면 어렵지 않은 귀갓길이다. 현관을 향해 느린 걸음으로 걷다가 알게 된 가방의 존재. 아무리 살펴도 없는 가방을 찾으려고 뒤를 쫓아가 보지만 이미 차는 가버린 뒤다. 당황하면 손에 들고도 책상이며 서랍장을 뒤지는 것처럼 익숙한 길도 눈앞이 캄캄해질 때가 있다. 정신을 차리면 다시 정상으로 돌아오고 괜찮아지는데 엄마는 이게 어려운가 보다.

노인 돌봄 기관인 '주간보호센터'를 2년 동안 다녔지만 이런 일은 처음이다. 쉬운 비밀번호를 아무리 알려주어도 다음날이면 잘 모르겠다고 해서 동생이 전자키를 준비했다. "잘 가지고 다니세요." 당부하며 핸드폰에 묶어 주었는데 하필이면 핸드폰을 넣은 가방을 놓고 내린 것이다. 용돈을 넣어둔 봉투나 효도 지팡이를 잃어버린 일은 애교 수준일 정도로 흔하다. 없어졌다고 지장 받는 일도 없고 다시 드리거나 구매하면 그만이다. 하지만 집에 들어갈 방법을 모르는 일은 좀 다르다.

동생의 전화를 받고 놀랐다. 아니 두려웠다. "어디 다친 곳은? 청심환이라도 먹지 그래요." 복잡한 마음을 숨기며 나도 괜찮은 척하며 물었다. 다행히 좋은 양반을 만나서 집으로 왔다며 얼굴도 모르는 내게 그를 칭찬했다. 우리 가족에게는 천사인 그는 길을 잃고 헤매는 엄마를 보고 가던 길을 멈춘 아파트 주민이었다. "여기, 할머니가 길을 잃었어요." 전화 통화를 하며 전후 사정을 감지한 동생은 부리나케 동호수와 비밀 현관 번호를 알려주었다고 한다. 좋은 이웃 덕분에 엄마는 물론이고 나도 놀란 가슴을 쓸어내렸다.

"엄마, 많이 놀랐지요?"

"늙으니까 그렇지 뭐."

통화하는 엄마의 목소리는 힘이 없다. 괜찮다고 하지만 한숨부터 내쉬는 것이 많이 놀라셨다. 이젠 걱정하지 말라고 평소와 같이 말하지만 미세한 떨림이 내 귀로 느껴졌다. 치매 걸린 노인네처럼 애처롭게 바라보던 그 눈빛과 어린애처럼 다시 집을 잃고 싶지 않다는 불안함이 복잡하게 묻어 있었다.

엄마도 이제 자신의 기억을 의심하기 시작한다. 다행인지 불행인지 모르겠지만 여기까지 인정하는데도 시간이 꽤 걸렸다. 엄마 자신조차 모를 정도로 서서히 진행되었고, 가족들조차 받아들이기 어려운 문제였다. 우리는 그만큼 이 질병에 대해 아는 것이 없었다. '치매'는 자신의 존재를 잃어가는 끔찍한 병으로만, 간병하는 가족까지 힘들게 하는 것으로만, 딱 그 정도다. 모르니까 절망하고 아니라며 부인하고 싶었다.

 마음이 가는 일은 눈과 귀가 열리며 온 신경이 몇 배로 곤두선다. 텔레비전을 봐도 책을 읽다가도 '치매' 관련 기사나 이야기만 눈에 띄었다. 우연히 본 제목이 친절하고 다정해서 꼭 읽고 싶었다. 『치매 때문에 불안하지 않으면 좋겠습니다』라는 책이다. 나는 좀처럼 책에서 눈을 떼지 못할 정도로 빠졌다. 아는 만큼 보인다고 하더니 제목이 주는 효과는 컸다. 노모를 모시며 겪은 경험을 바탕으로 쓴 저자의 조언은 나를 두고 말하는 것처럼 들렸다. 그중 '치매에 걸려도 정상적인 삶은 충분히 유지할 수 있다.'라는 말이 회초리처럼 아프게 때렸다. 세상이 무너진 듯 엄마의 치매를 동생들에게 전했고, 챙기면 챙길수록 안 되는 현실이 답답해서 짜증을 내던 사람이 나였기 때문이다. 책임감에 짓눌려 제대로 보지 못한 나를 내다 버리고 싶었다.

 "긴 수명을 누려서 좋은 만큼 내야 할 세금이 있다면 그게 바로 '치매'입니다." 불안한 생각을 하지 않겠다고 다짐한 이유는 치매 전문가의 이 말 덕분이다. 세상에 공짜는 없는가 보다. 100세까지 아직 멀었다고 더도 덜도 아닌 반으로 깎아주면 좋으련만 내야 할 세금은 어김없이 나왔다. 너무 빠른 건 아니냐고 하면서 물리고 싶어도 옛날에 비해 장수했으니 그 정도 세금은 당연하다고 하면 할 말이 없다. '치매'를 '세금'으로 비유해서 이해가 쉬웠고 그래서 마음 편하게 받아들일 수 있었다. 어리석을 '치' 어리석을 '매'라는 의미의 고정관념을 벗어던진 발상이다. 언젠가 때가 되면 내게도 나올 수 있는 세금이라고 인정하니까 전보다 불편하지 않다.

  엄마는 지금 예상치 못한 '인지저하증' 즉 '치매'에 걸렸을 뿐이고 오래 사시는 만큼 착실하게 세금을 내며 지내고 있다.

논두렁을 아프리카 초원으로 만든 친구
―앨리스 로버츠의 『세상을 바꾼 길들임의 역사』

'우리 집 개'라는 말이 더 익숙하던 때다. 멀리 이사 가는 이웃은 메리라는 개를 놓고 갔다. 혼자 남게 된 메리는 아버지 손에 끌려왔다. 덩칫값도 못 하고 밤새도록 부엌에서 낑낑거렸다. 순한 눈망울을 껌벅이며 덜덜 떠는 모습이 자꾸 신경이 쓰였다.

메리는 우리 집에 오자마자 목줄부터 풀었다. 노란빛이 도는 긴 털에 비해 목 부분의 털은 목줄에 눌려서 납작했다. 그동안 어떻게 지냈을지 짐작이 가고도 남는 흔적이었다. 녀석은 목줄이 풀렸는데도 밥그릇 옆에서 웅그린 채 가만히 있었다. 무척 순하다고 생각했는데 나중에 보니 그건 섣부른 판단이었다.

며칠이 지난 후 메리는 아버지를 따라 앞마당에서 뒷마당으로 그리고 집 아래쪽의 밭까지 졸졸 따라다녔다. 어리숙해 보이던 초반의 모습은 어디 가고 차차 꼬리를 흔들며 온종일 쏘다니는 메리로 변했다. 그리고 알게 된 메리의 본모습. 미친 듯이 논두렁이며 밭을 경주마처럼 뛰어다녔다. 난 기겁하고 말았다. 그야말로 아프리카 초원을 누비는 치타가 눈앞에 있는 것만 같았다. 얼마 전에 심은 고구마순은 엉망으로 흩어졌고 고랑은 쑥대밭으로 변했다. 처참해진 땅을 보며 메리가 부모님께 혼날까 두려웠다. 정작 메리는 아무것도 모른 채 더 신나기만 했다. 나와 동생들은 크게 이름을 부르고 심지어 긴 나무 막대기를 들고 엄마처럼 메리를 따라다니며 혼을 냈다. 그렇게 야단법석을 치르고 나서야 메리의 질주 본능은 막을 내렸다.

다행히 부모님은 메리를 때리거나 목줄로 묶지는 않았다. 물론 나와 동생들이 "다음에 또 그러면 마음대로 해도 된다."고 간청했기 때문이다. 차츰 말귀를 알아들었고 채소나 곡식이 있는 밭을 엉망으로 만들어 놓는 일은 없었다. 지나가는 사람에 따라 짓는 소리가 달라서 대문이 없는 우리 집의 문지기 역할도 잘 해냈다. 나는 메리가 아주 영리한 개라고 생각했다.

얼마 안 되어 메리의 배가 점점 불렀다. 새끼를 가졌던 모양이다. 어쩐지 녀석은 밥만 주면 꼬리를 치고 배가 터지도록 잘도 먹었다. 결국 밥을 주는 사람은 엄마였으니 엄마 일이 늘게 되었다. 밭일에 부엌일까지 정신없어 죽겠는데 개까지 끌고 왔다면서 생각이 없는 양반이라고 아버지에게 핀잔을 줬다. 거기다 새끼라도 나면 무얼 먹여서 기르냐고 대놓고 따지는 바람에 나는 조마조마했다. 아는지 모르는지 메리는 여전히 엄마가 주는 밥을 먹었고 엄마만 나타나면 꼬리부터 살랑거리며 제일 반겼다.

몇 달 후에 메리는 다섯 마리의 새끼를 낳았다. 하필이면 추운 겨울이라 걱정이 되었다. 아버지는 헌 이불이라는 이불을 다 가져와 메리를 위해 산후조리실을 꾸몄다. 멋지고 포근한 개집을 기대했는데 간신히 추위를 피할 정도로 엉성한 이글루로 변해서 살짝 실망했다. 그나마 전깃줄을 이어 백열등을 달아서 환했다. 온열기가 없던 때라 그 안은 백열등 덕분에 따뜻했다. 부엌의 수도꼭지까지 얼어붙은 그 한파에도 새끼들은 무사하였다.

"짐승들은 제 새끼를 위해 본능적으로 사나울 수 있어." 귀여운 새끼가 보고 싶은 내게 아버지는 조심하라고 당부했다. 최대한 신중하게 개집의 문을 열었다. 다행히 싫어하지 않고 혀로 새끼를 핥다가 자랑하듯 젖을 먹이며 또 내 눈을 빤히 쳐다보는 것이다. 어느덧 의젓한 어미로 성장하고 있는 모습이 대견하였다.

나는 직장을 찾아 고향 집을 떠났고 자연히 메리를 보는 일이 뜸해졌다. 근무했던 학교의 방학이 시작되어 오랜만에 집에 갔다. 발걸음 소리만 들어도 꼬리를 흔들며 마중을 나오던 메리가 보이지 않았다. 예전처럼 다른 마을로 마실 갔거니 하며 부모님에게 밀린 이야기를 늘어놓았다. 어두워졌지만 메리의 낑낑거리는 기척이 들리지 않아 갑자기 이상한 생각이 들었다. 무슨 일이냐고 다급히 묻는 나를 향해 엄마는 속상하다는 듯이 뜸만 들이고 울기만 하는 거다.

"난 이제부터 개는 못 키우겠어. 그렇게 고통스럽게 죽는 건 처음 봤다. 다 내 잘못이지. 불쌍해서 죽었더라."

다시는 볼 수 없다는 사실이 슬펐다. 마지막 모습 또한 고통스럽다고 해서 먹던 밥그릇도 쳐다보지 않았다. 개는 절대로 키우지 않겠다던 엄마는 나중에 '재롱이'를 식구로 맞는다. 귀엽게 생긴 것이 꼬리를 살랑거리며 재롱을 떤다고 이름까지 직접 지었다. 녀석은 아버지가 떠난 빈자리를 자식들보다 더 든든하게 지켰다. 아무리 그래도 재롱이는 메리가 아니었다. 난 메리처럼 그 애를 대할 수가 없었다. 허름했지만 새끼랑 뒹굴던 이글루는 이미 무너졌고 늠름하게 지키던 우리 집은 텅 빈 것처럼 쓸쓸했다. 나도 그 아이에게 길들여졌는지 모른다.

『세상을 바꾼 길들임의 역사』라는 책은 서귀포에 있는 책방에서 만났다. 뒷면에 있는 짧았던 소개 글이 나를 끌어당겼다. '개는 어떻게 인간의 가장 오래된 친구가 되었을까?' 같이 자란 메리라는 친구가 번득 떠오르는 문구다. 개, 말,

소, 옥수수, 감자, 닭, 쌀, 말, 사과, 인류까지 길들임이 우리 사람들에게 미치는 영향은 대단하다. 흔하게 먹었던 곡식과 과일 그리고 기르던 가축의 변화된 모습을 자세하고 명확하게 알려준다. 무엇보다 인간에게 먼저 다가간 야생 늑대를 추적하는 부분이 다큐처럼 생생해서 가장 기억에 남는다. 개의 길들임을 다루는 고대사 부분이 다른 종에 비해 흥미로웠던 까닭은 아마도 메리가 준 추억 때문이다.

  개와 인간. 결국 서로에게 영향을 주는 존재로 생존했으니 길들임은 쌍방 작용이었던 모양이다. 그래서 메리와 내가 서로에게 어떤 영향을 주었는지 생각하며 읽었다.

복숭아꽃이 피면 아버지가 생각난다
―우종영의 『나는 나무처럼 살고 싶다』

3월 말은 아버지 기일이다. 중환자실에 계시다가 마지막 말도 남기지 못하고 쓸쓸하게 돌아가셨다. 그런 아버지를 나는 오랫동안 미워했다. "남동생이 둘이나 있으니, 넌 대학을 포기해라."라는 아버지의 말이 결정적이었다. 그런데 시간이 지날수록 왜 아버지가 생각나는 걸까.

아버지는 농부였다. 복숭아 과수원을 비롯해 논농사와 밭농사까지 지었다. 철모를 때는 우리 집이 부자인 줄 알았다. 하지만 그렇지 않다는 사실을 알고 나서 실망감이 컸다. 속 빈 강정처럼 부모님이 일하는 곳은 다 남의 땅이었다. 갈수록 아버지의 농사 실력도 의심스러웠다. 논에서 일하시는 이웃 아저씨들의 까맣게 그을린 어깨를 보고는 흰 피부에 키만 큰 아버지가 유독 눈에 띄었다. 그리고 눈치챘다. 겉모습만 봐도 아버지가 초보 농부임을. 그나마 복숭아나무를 심고 수확하면서 우리 집 형편이 조금 나아지기 시작했다.

복숭아나무는 유난히 병충해에 약하다. 그만큼 손이 많이 가는 나무다. 가지치기, 거름주기, 종이봉투 감싸기, 약 뿌리기 등. 수확의 기쁨을 얻기까지 자식 돌보듯이 가꿔야 한다. 초보 농부였던 아버지는 실패하면 안 되는 사람처럼 나무에 매달렸다. 나무랑 살려고 시골로 내려온 사람 같았다.

　복숭아는 더위가 시작할 무렵, '사자도'라는 품종을 먼저 수확한다. 온 가족이 달려들어 복숭아를 따느라 바빴다. 긴 옷을 입어도 껄끄러운 털이 늘 신경 쓰였다. 숨 돌릴 틈도 없이 이번에는 '창방'이라는 품종을 따야 했다. '기도백도'를 마지막으로 수확하고 나면 어느덧 여름이 지나갔다. 부모님의 얼굴은 햇볕에 검게 그을렸으나 얼굴에는 웃음기가 돌았다.

　과수원 농사는 그리 오래가지 못했다. 자유무역협정(FTA)으로 이국땅에서 값싼 과일이 물밀듯이 들어왔고 복숭아는 그 경쟁에서 밀려났기 때문이다. 봄마다 실컷 보던 분홍 꽃들을 이제는 더 이상 볼 수 없게 되었다. 정부로부터의 보상을 받고, 우리 집을 비롯한 복숭아 농가들은 나무를 베었다. 그리고 그 자리에 비닐하우스 농사가 자리 잡았다.

　비닐하우스에서 일하면 부자가 될 줄 알았다. 추운 겨울에 딸기를 재배할 정도로 내 눈에는 놀라운 시설이었다. 겨울만이 아니라 1년 내내 그곳에서는 어떤 작물이든지 기를 수 있었다. 비닐하우스는 부모님이 원하든 그렇지 않든 전보다 더 힘든 노동을 강요했다. 그리고 부모님의 삶을 완전히 바꿔놓았다. 따뜻한 아랫목에서 구운 고구마를 먹으며 신문을 읽던 농한기의 쉼을 앗아가 버렸기 때문이다. 그때 재배하게 된 멜론은 뜨거운 여름을 나야 수확하는 과일이다. 그러니 비닐하우스 안의 온도는 상상 이상이었다. 매달려 순을 따고 열매를 솎아내도 자라는 작물을 따라가지 못했다. 밤이 되고 더 이상 일을 할 수 없을 지경이 돼야 집으로 돌아오셨다. 일을 도와주면서 느낀 것은 이러다가 부모님이 쓰러질 것 같았다. 결국 아버지는 비닐하우스 안에서 넘어졌다. 그리고 그 일로 돌아가셨다.

아버지 없는 고향 집은 적막하다. 아버지의 손길이 멈춘 담장은 곧 내려앉아 쓰러질 것 같다. 낡은 담장 뒤편에서 자라는 나무 한 그루가 보였다. 볼품없이 키만 커서 아버지가 심은 것 같지는 않다. 왜냐하면 아버지는 다부지고 빠르게 일하는 법은 없어도 집주변을 항상 깔끔하게 정리하셨다. 나무 한 그루도 허투루 심었을 리가 없다.

엉성한 나무라고 하찮게 여겼는데 분홍 꽃이 예쁘게 폈다. 화사하고 눈부시게 허물어진 담장을 감싸고 있어 기특했다. 혹시 복숭아나무인가? 꽃이 지고 난 뒤 앙증맞은 작은 열매가 다닥다닥 매달려 있어 보니 개복숭아 열매였다. 우리 가족 중 누군가가 먹고 버린 복숭아 씨앗에서 싹이 나

자란 것이다. 익지도 않는 열매가 그대로 땅에 떨어져도 아깝다며 따거나 줍는 이도 없다. 보면 볼수록 아버지처럼 홀쭉하고 앙상하다. 태풍이라도 불면 부러질 듯 약해 보이는데 의외로 담을 감싸며 잘 버티고 있다.

  늘 자신을 위로해 주는 나무에게 자신이 쓴 책을 바친다고 하는 이가 있다. 나무를 사랑하는 표현치고는 최고의 말이다. 우리에게 생소한 '나무 의사'라는 직업을 소개하고 30년 넘게 나무를 돌보면서 얻은 지혜를 글로 쓴 저자 우종영. 그는 『나는 나무처럼 살고 싶다』라는 책을 통해 무엇에게도 해를 끼치지 않으면서 현명하고 지혜롭게 살아내는 것이 나무라고 칭송한다.

  나는 아직 그가 느끼는 것처럼 대할 만한 나무는 없다. 그만큼 나무에게 베푼 적도 얻은 것도 없다. 나무와 이런 관계를 생각해 보지 않았던 나는 그래서 저자의 말이 신선하게 느껴졌다. 돌이켜보면 나무에게서 얻은 것이 없지는 않다는 것도 알게 되었다.

  그런 나무가 바로 복숭아나무다. 부모님의 일손을 도우며 매일 보던 것이니만큼 익숙하다. 그나마 아는 척을 할 정도로 조금 친한 편이다. 그래서 나무는 물론 시장이나 마트에 놓인 복숭아만 봐도 가꾸고 거둔 누군가의 손길을 짐작하는 버릇이 있다. 코를 들이대고 특유의 달콤한 향을 맡으면서 과일 평도 한다. 맛이 좋은 복숭아만 골라 담는 내게 남편이 옛날 과수원집 딸답다는 소리를 자주 한다. 어떻게 아느냐고 묻다가 먹고 나면 내 실력에 다들 감탄한다. 병충해에 죽을까, 장마에 익은 과실이 떨어질까를 고심하며 키운 나무. 우리 가족을 먹여 살렸던 살림의 원천. 돈과 먹을 것을 모두 내어준 존재였다.

자식 같은 복숭아나무를 벨 수밖에 없던 아버지. 자식들 때문에 또는 경제적 가치를 따져 불가피한 일이었을 것이다. 나무가 쓰러지고 난 후 자신도 세월을 이길 수 없어 차츰 젊음에서 멀어지셨다. 복숭아나무는 아버지 그 자신이 되어 자신을 가르치고 농촌에 뿌리를 내리게 해 주었다. 뒤늦게나마 아버지가 그리워 오랫동안 꽃을 바라보았다. 꽃도 물끄러미 나를 바라본다. 아버지처럼….

'아버지, 미워해서 죄송해요!'

아버지가 유산으로 남긴 3단 옷장
—정지아의 『아버지의 해방일지』

1

"어머니, 저 좀 숨겨주세요. 저 잡히면 죽습니다."

늦은 밤, 갑자기 들어오더니 다짜고짜 숨겨달라고 하는 이가 있다. 목숨이 걸린 다급한 일이니 놀란 게 당연한데, 그런 기색조차 문밖으로 새 나가는 것은 위험하다. 아무도 모르는 곳, 감쪽같이 몸을 숨을 수 있는 장소가 필요하다. 집안의 가장 큰 어른은 고심 끝에 안방에 앉아 천장을 가리켰고 가족들의 입단속을 위해 함구령을 내린다.

극적 요소로 흥미를 자극하는 이런 장면은 드라마나 영화에나 나올 만하다. 아슬아슬하게 붙잡힐 듯한 상황이라면 긴장감마저 돈다. 왜 쫓기는 거지? 반전 있는 범죄물? 궁금하기 시작하면 호기심은 끝이 없다. 난 '테레비귀신'이라는 별명이 붙을 정도로 한번 빠지면 텔레비전 화면에서 눈을 떼지 못한다. 그래서 흥미진진한 이야기를 좋아하는데 이게 실화라고? 그것도 우리 집안의 일이라고? 처음엔 믿기 어려웠지만 한편으로 솔깃해졌다.

그날, 부모님이 큰집에서 돌아온 시각은 자정이 넘었을 것이다. 일부러 기다린 것은 아닌데 잠이 오지 않아 뒤척이던 중이었다. 두런두런 소리에 내 귀는 점점 예민해지고 온 신경이 그쪽으로 쏠렸다. 그날이 자신의 제삿날인 인물과 그의 죽음에 얽힌 이야기가 잠을 달아나게 했다. 아버지는 더듬더듬 옛날을 찾는 것 같아도 어제 일처럼 생생하게 기억하고 계셨다. 금기시한 집안의 비밀을 소곤소곤 엄마에게 토해내고 있었다. 잠귀 밝은 딸이 엿듣는 줄도 모르고 아버지의 낮은 목소리는 오랫동안 이어졌다.

아버지에게는 네 명의 삼촌이 계시는데 이야기 속의 인물은 막내 삼촌이다. 아버지는 그를 내내 '작은아버지'라는 호칭으로 불렀다. 그러니까 내게는 막내 작은할아버지다. 당시 열 살이 조금 넘은 아버지는 시간이 많이 흘렀는데도 분명한 어투였다. 그렇게 아버지의 기억이 머문 그때로 나는 빨려 들어갔다.

보기 드물게 공부한 사람이 근처에 살았던 것 같다. 그 당시 기준으로 볼 때, 그는 인텔리 지식인이었던 듯하다. 작은아버지는 그를 자주 만나고 또 잘 따랐다. 그쯤에 전쟁이 일어났고 알 수 없는 이유로 서로를 죽이는 사건이 멀지 않은 곳에서 벌어졌다. 어수선한 상황 속에서 일어났던 그 일이 집안에 위험으로 닥칠 줄은 아무도 몰랐다. 그리고 흘러들어온 소리. 그 현장에 작은아버지가 있었다고 한다.

앞서 말한 것처럼 집안으로 쫓기듯이 들어와서 숨겨달라고 한 사람이 바로 작은아버지다. 목숨을 유지하기 어려울 정도로 다급하다면 멀리 달아나는 방법도 있는데 굳이 집안이라니. 그럴 만한 긴박한 사정이 있었을 거라고 한다. 아무튼 들이닥친 사람 때문에 집안사람들은 다들 당황했다. 화급을 다투었기에 할머니는 빠르게 숨길 장소를 찾았고 위를 가리켰다. 안방 위의 천장이 그나마 최적의 장소여서 막내아들을 올라가게 했다. 그리고 가족들에게 절대 말하지 말라고 명령하였다.

평소 집안의 대소사를 책임질 정도로 당차고 강단이 센 할머니. 그녀의 말이라면 누구도 거역할 수 없었다고 한다. 시간이 흐르고 사람들이 몰려들었다. 무섭게 노려보며 도망친 사람을 당장 내놓으라고 윽박질렀다. 할머니의 지시대로 순순히 말하는 이는 없었다. 뜻대로 되지 않은 그들은 가족 중에 두 사람을 인질로 삼아 데려갔다. 아버지(내게는 할아버지)와 큰형(내게는 큰아버지)이 어딘가로 끌려가는 것을 방 안에서 지켜보았다.

"그놈을 내놓지 않으면 장자와 장손의 목숨은 없을 줄 알아!"

그들은 목숨을 담보로 무시무시한 협박을 하기 시작했다.

그래도 꿈쩍하지 않는 가족들. 말로는 안 되겠는지 방마다 문을 벌컥 열어젖히며 안을 샅샅이 확인하고 광과 헛간을 뒤졌다. 가족들은 그야말로 살얼음판 위를 걷는 공포감을 느꼈다.

협박보다는 어루만지고 살살 달래는 것이 더 유리한 걸까? 그들은 겁을 주고 위협을 했음에도 별 소득이 없자 이번에는 회유를 해왔다. 잡아가도 죽이지는 않겠다고. 그리고 잡혀간 두 명(큰아들과 큰손자)의 자식은 모두 돌려준다고. 그들의 약속은 결정적으로 할머니를 흔들기에 충분했다. 그때 할머니에게만 들릴 정도로 작은 목소리가 천장 쪽에서 들렸다.

"어머니, 일본에 계신 형님에게 내일 갑니다. 제발 오늘 하루만 숨겨주세요."

"……"

"제발요!"

철석같이 그들의 말을 믿었던 건가. 아니면 어쩔 수 없는 선택이었을까. 할머니는 그만 막내아들이 숨은 곳을 가리키고 말았다. "저는 이제 죽습니다."라는 말을 남기고 끌려간 게 내가 본 작은아버지의 마지막 모습이다. 야속하게도 철석같이 믿었던 약속은 하루도 안 걸려 지켜지지 않았다. 집안 어른들은 시신을 찾으러 나갔고, 아무렇게나 버려진 주검을 구덩이에서 건져 왔다고 했다. 풀려난 자식이나 가족들은 목 놓아 울지도 못하고 할머니 얼굴만 쳐다보았다.

이야기를 풀어내시는 아버지는 길게 한숨을 냈다. 대강의 이야기가 끝난 건지 아니면 막내아들을 죽음으로 내몰고 괴로워한 할머니를 떠올리기 어려웠는지는 알 수 없다. 한동안 몰래 듣는 재미에 푹 빠졌던 나는 더 듣고 싶은 마음이 간절해도 어쩔 수 없었다. 아쉽게도 대화는 이어지지 않았다.

2

큰집은 주로 명절에만 간다. 좁은 안방 벽에는 집안 어른들의 사진이 걸렸다. 갓을 쓴 할아버지와 정장 차림에 안경을 쓴 작은할아버지들, 혼례식에 참석한 하객들, 흑백사진 속의 인물들은 근엄하기 그지없이 경직된 채 나를 바라보고 있었다. 웃는 사람은 없었다. 그때는 사진을 찍는 사람이 '김치!'라고 외치며 찍을 줄 몰랐거나, '웃으면 복이 달아난다'는 출처 없는 이야기를 믿었던 것 같다. 그나마 혼례식 앞줄에 서 있는 아이들은 무엇이 그리 좋은지 하얀 이를 드러내며 웃고 있다.

　멀리 떨어져 살던 친척들이 모이면 어쩔 수 없이 듣게 되는 집안 얘기. 자랑할 만한 인물은 없을 텐데 한참 동안 목소리를 높이는 사람은 있다. 잘 새겨듣지 않아서 그런가. 그 작은할아버지에 대해 들은 기억이 없다. 그래도 그분은 선명하다. 사진 속에서 쪽진머리를 하고 한복을 입은 채 정면을 응시한 할머니. 다부진 입 주위로 주름이 쪼글쪼글하다. 일제강점기와 전쟁의 소용돌이에서 바람 잘 날 없이 부침을 겪은 증조할머니다. 꼿꼿하게 어깨를 펴고 똑바로 나를 바라보는 눈빛이 예리하다. 증조할머니는 왜 천장을 가리켰을까? 그런 결정이 낳을 비극을 눈치채지 못한 걸까. 아마도 당신의 눈빛처럼 예리한 칼날이 평생을 두고두고 후벼팠을 것이다.

　지금은 증조할머니와 관련된 우리 집안의 이야기는 아무도 하지 않는다. 세월이 많이 흐르고, 후손들끼리 자주 만날 만큼 가까이 살고 있지도 않다. 가끔 자세한 이야기를 듣고 싶어도 들을 수 없어 안타깝다. 아버지가 돌아가시기 전에 묻기라도 해볼걸 하는 아쉬움이 크다. 나중에 엄마에게 들은 증조할머니는 아버지의 말과 달라 어이가 없었다. 같은 사람을 두고 이렇게 다르게 해석하다니. 예를 들어 엄마에게 증조할머니는 고된 시집살이를 시킨 장본인이라 진절머리가 날 지경이란다. 기가 세고 호랑이 같아서 무서웠다고 한다. 하지만 아버지에게 당신의 할머니는 항상 최고였다. 제일 현명하셨다는 소리를 자주 들었다.

정지아의 『아버지의 해방일지』는 어두운 과거를 이야기하지만 의외로 재미있게 전개된다. 빨치산의 딸이라는 굴레에서 벗어나기 위해 발버둥치던 주인공이 장례를 치르며 아버지의 진심과 마주하게 된다. 나는 이 책의 첫 장에 등장하는 '유머'라는 단어를 의식하게 되었고, 다 읽은 후에야 그 의미를 조금은 이해할 수 있었다. 말하면 안 될 것 같은 우리 사회의 '빨갱이'와 '사회주의자'. 아버지의 죽음으로 거슬러 올라가 보면, 전쟁과 관련된 가족사는 실제로 슬프다. 그런데 이야기는 웃음을 자아내는 힘이 있다. 내 편견이나 고정관념이 거기서부터 깨진 것 같다.

말할 수 없는, 또는 일부러 말하지 않는 비밀은 누구에게나 있다. 아마도 우리 가족이 터놓고 말하지 못하는 것처럼. 텔레비전으로 영화를 시청하는 바람에 부모님의 이야기를 들은 건 정말 우연이었다. 나는 감명 깊은 영화를 일기장에 남기는 버릇이 있다. 영화제목, 제작사, 감독, 주인공 그리고 줄거리를 짧게 적는다. 그래서일까. 영화를 본 것처럼 들은 이야기도 생생하게 그리고 대부분을 기억하는 편이다. 큰집의 구조를 머릿속에 그리며, 증조할머니가 앉아 있던 안방과 독특한 형태의 천장, 가족들이 숨죽이며 바라보던 창호지 사이의 작은 유리창, 그리고 부엌과 물건을 넣어두는 광을 카메라로 촬영하듯 떠올린다.

책 중간에 나오는 지역 이름 '반내골'에는 군인들, 삼촌, 아버지가 자주 등장한다. 그러면 나 역시 우리 큰집을 자꾸 재생시킨다. 나도 우리 아버지처럼 기억력이 좋은 것 같다. 아니면 재생 반복을 너무 많이 해서 내 것처럼 여길지도 모르겠다. 그만큼 아직도 옛날을 부르면 떠오르는 것들이 많다. 그중의 하나가 우리 집 거실에 버티고 있다. 100년이 넘은 3단 옷장. 바로 증조할머니가 쓰던 물건이다. 아버지 손에서 내게로 왔다. 소중하게 여긴 아버지를 위해 버리지 못하고 잘 간직하고 있다. 그래서 기억도 쉽게 버리지 못한다. 아버지의 기억이 유산처럼 낡은 옷장과 함께 남았다.

딱 3천 원이야!
―셰익스피어의 『오델로』

나는 책을 좋아한다. 어쩌면 읽는 것보다 사는 것을 더 좋아하는지 모른다. 요즘은 소설도 심리 분야도 아닌 그림책을 수집하듯 자꾸 사들이는 버릇이 생겼다. 마음에 드는 책이라면 장바구니에 담아두기를 계속하는 편인데 쌓이는 리스트를 보는 것만으로 이미 내 것처럼 든든하기까지 하다. 가격이 부담스러워 몇 권은 슬며시 빼기도 하지만 기분 좋게 누르는 버릇은 여전하다. 다른 쇼핑에서는 고심 끝에 결제하는 나의 소비성향을 봐도 책에 대해서만은 인심이 후한 편이다. 아마도 이런 습관은 오래전 이 일로부터 시작된 것 같다.

새 학년을 시작하고 얼마 지나지 않은 봄인 걸로 기억한다. 학교를 마치자마자 교문 앞에 새로 생긴 작은 서점으로 갔다. 우여곡절 끝에 책을 살 돈이 생겼기 때문이다. 주로 참고서를 사러 가는 친구들과 시내 서점에 들러 본 적이 다인데 그날은 혼자서 가는 것이라 조금 떨렸다. 큰 서점에 비해 규모는 작아도 학생들이 쉽게 드나들 수 있는 곳에 있어 눈여겨보았다. 거기에 젊은 주인이 친절하다는 소문은 왠지 가봐야 할 것 같은 반가운 소식이었다.

설레는 마음으로 들어간 서점은 그날따라 손님이 없었다.

주인은 책 정리로 바쁜 것 같아 조용히 구경을 시작했다. 소문대로 눈짓으로만 맞이했지 뭘 사러 왔느냐고 다그치지 않아 안심되었다. 앞쪽엔 학생들을 위한 참고서가 보기 좋게 진열되어 있었지만 내 관심은 거기가 아니었다. 이내 다른 곳으로 시선을 돌렸다. 국어선생님이 수업 시간에 들려준 『폭풍의 언덕』이나 『제인에어』, 『주홍글씨』가 보였다. 지금도 재미있는 사실은 내가 기억하는 책이 국어 선생님이 들려준 이야기인지 나중에 책으로 읽은 내용인지 구분이 어려울 정도로 잘 버무려져 있다는 것이다.

그런 책들을 서점에서 보니 반가웠다. 직접 손으로 만져보고 넘겨 읽다가 또 다른 책을 꺼내어 훑어보는 행동을 반복하지 않았나 싶다. 책에서 나는 냄새도, 손님이 없는 한가로움도, 가지런히 꽂혀있는 많은 책이 모두 마음에 들었다. 단지 책을 사러 갔을 뿐일 텐데 여유를 부리며 한참이나 어물쩡거렸는가 보다.

혼자 온 학생이 유심히 책은 살피는데 선뜻 고르지 못하는 것으로 판단한 주인은 어쩔 수 없다는 표정으로 다가왔다.

"학생, 얼마 가져왔어?"

"3천 원이요."

"여기 있는 책들은 대부분 5천 원 이상인데."

서점 주인의 5천 원이라는 대답은 나를 당황하게 만들고도 남았다. 어떻게 딱 3천 원만 가지고 갈 생각을 했는지 지금 생각해도 무모했거나 세상 물정을 전혀 몰랐던 모양이다. 당시의 책값을 알 길이 없으니 그렇다 쳐도 책을 사겠다는 마음이었으면 더 달라고 아버지를 졸라야 했다.

  적은 돈으로 책을 사러 올 생각을 했냐는 비웃음을 당할 것 같아 창피한 생각이 먼저 들었다. '그냥 집으로 돌아갈까.'하는 마음이 순간적으로 일었다. 하지만 서점 주인은 오히려 내게 적당한 책을 골라 주고 싶어 물었다는 표정을 연신 지었다. 그러면서 책장으로 다가가 내가 미처 살펴보지 않았던 책꽂이 위쪽에서 책 한 권을 꺼냈다. 셰익스피어를 아냐고 물었다. 텔레비전으로 본 영화 '로미오와 줄리엣'을 쓴 작가라는 정도는 알고 있기에 반응을 보였다. 겉표지가 짙고 어두운 연둣빛 책을 보여주며 읽어보았냐고 또 묻는 것이다. 읽어보기는커녕 처음 들어보는 책이었다. 그제야 주인은 본론을 말해주었다.

  "이 책 가격이 딱 3천 원이야."

  그렇게 내 손에 들어온 책이 바로 『오델로』이다. 셰익스피어의 4대 비극 중 하나라는 설명과 희곡이지만 재미있을 거라는 말을 덧붙이며 주인은 책을 내게 넘겼다. 가진 돈과 딱 맞는 가격이니 나 또한 기분 좋게 값을 지불할 수 있었다. 아침부터 설레었던 가슴이 책값으로 철렁 내려앉아 온 힘을 쭉 빠지게 하였는데 언제 그랬냐는 듯 책을 받는 순간은 짜릿함마저 느꼈다. 건네준 젊은 주인의 얼굴에도 미소가 번졌다. 그도 내심 자신의 참견이 나쁘지는 않았던 모양이다. 손에 넣은 책을 빨리 읽고 싶은 마음뿐이었다. 집에 돌아와서 책가방을 뒤로하고 곧바로 책장을 넘겼다.

지금은 이 책의 대강 줄거리만 기억나고 세세한 것은 잘 떠오르지 않는다. 주인공 오델로의 우유부단함과 어리석음으로 부인과 주변인들이 죽거나 떠난다는 내용이 어렴풋이 생각날 뿐이다. 의심이 질투로 변한 바보 같은 왕. 결국 비극으로 끝나버려 어이없던 마무리. 당시의 어린 나는 그런 비극을 전혀 이해할 수 없었다. 다만 서점 주인의 말대로 처음이었던 희곡을 어렵지 않게 읽은 기억은 또렷한 편이다.

3천 원으로 알게 된 책의 세계는 지금도 나를 설레게 한다. 책이 있는 곳이라면 주저 없이 가게 만든 원동력이다. 자주 또는 일부러라도 서점을 들르거나 책방만 둘러보는 여행도 즐긴다. 빈손으로 나오는 법이 없는 걸 보면 책을 사는 재미는 여전히 진행 중이다.

| 해설 |

'풀잎' 같은 '푸른 휘파람' 소리로
– 은진의 『감정 버튼』에 붙여

한 린 (시인)

  중학교 수업 시간에 읽었던 박성룡의 시 「풀잎」을 기억한다. "풀잎은 퍽도 아름다운 이름을 가졌어요./우리가 '풀잎'하고 그를 부를 때에는/우리들의 입 속에서는 푸른 휘파람 소리가 나거든요.//바람이 부는 날의 풀잎들은/왜 저리 몸을 흔들까요./소나기가 오는 날의 풀잎들은/왜 저리 또 몸을 통퉁거릴까요.//그러나 풀잎은/퍽도 아름다운 이름을 가졌어요./우리가 '풀잎', '풀잎'하고 자꾸 부르면,/우리의 몸과 맘도 어느덧/푸른 풀잎이 돼 버리거든요." 시는 어렵고 고리타분한 것으로 생각하던 여중생에게 처음으로 낭송의 맛을 알려준 시다. 한동안 우리 반 친구들은 '풀잎' '풀잎' 발음을 공들여 내며 서로에게 정말 '푸른 휘파람' 소리가 나는지 귀 기울이곤 했다.

고완수 시인 옆에서 수줍게 인사를 건네는 은진 작가에게서 '푸른 휘파람' 소리를 들었다. 말을 할 때마다 생각하듯 조심스럽게 발음하는 신중함에서 중학교 때 친구들의 그 공들이던 순간들이 다가왔다. 수필집 『감정 버튼』을 읽으며 왜 '푸른 휘파람' 소리가 났는지 다시금 깨닫게 되었다. 그녀의 글들은 '풀잎' 같은 순수함의 본질, 기적 같은 변화, 회복을 통한 사랑의 공동체 이야기를 담고 있기 때문이다.

1. 순수함의 본질

"풀잎이 바람에 흔들려도, 그 뿌리는 흔들리지 않는다."라는 말이 있다. '풀잎'은 자연에서 가장 소박하고 작은 존재이다. 하지만 그 속에는 놀라운 생명력과 성장의 에너지가 담겨 있다. '풀잎'은 환경에 맞춰 자라고, 비바람 속에서도 살아남아 꾸준히 자신의 역할을 다한다. 은진 작가의 시선은 바로 '풀잎'과 같이 작고 소중한 것들로부터 시작해 자신의 본질을 찾는 것에 향해 있다.

「아이돌 팬의 고백」은 '가장 멋진 밤하늘의 예술가'인 '반딧불이'에게 '팬'임을 '고백'하는 작가의 마음이 드러나고 있다. '온몸으로 뿜어내는 빛의 예술'에 반해 버린 마음 이면에는 '더 이상 훼손하지 않고 자연과 상생'하기를 바라는 순수한 마음이 담겨 있기에 눈길이 갔다.

「빈집인데 맛집입니다」에서는 '일주일마다 꼬박꼬박 시골집에 가는 이유'를 시골집에 드나드는 '삼색이', '점순이', '동글이'로 호칭한 '들고양이' 때문이라고 말한다. "내가 그의 이름을 불러주기 전에는/그는 다만/하나의 몸짓에 지나지 않았다.//내가 그의 이름을 불러주었을 때,/그는 나에게로 와서/꽃이 되었다"는 김춘수의 「꽃」이라는 시구처럼 이름은 존재의 본질을 상징한다. 고양이에게 이름을 지어주고 관계를 이어가는 행동은 일반적인 사람들에게는 무의미한 것일 수 있지만 작가에게는 관계 맺음(길들여짐)이라는 남다른 의미가 있다.

"사람들은 고양이를 붙잡으면서까지 집을 지키려는 이유가 무엇인지 물었다. 처음에는 야산에 터를 잡아 손수 흙벽을 쌓고 기와를 올린 부모님 때문이라고 대답했다. 하지만 다른 이유도 따로 있었다. 꼬리를 치며 마중 나오던 메리, 평상에 누워 보던 밤하늘의 은하수와 별자리들, 그리고 영화 속 당당한 배우를 보며 시골 소녀가 꿈꿨던 커리어우먼의 모습. 이런 것들이 그곳에 여전히 남아있기 때문이다.", "이 집은 지금의 나를 만든 살아있는 존재와 같다는 느낌이다. 그곳에 살지 않았다면 나는 전혀 다른 사람이 되었을지도 모른다."라는 고백은 고양이들을 통해 이어지는 고향 집과 작가와의 관계를 드러낸다. 고향 집은 자신의 순수함을 간직한 공간이면서 살아가는 의미를 부여해 준 곳이기에 필명을 '은진'으로 선택한 것이 아닐까하는 생각이 들었다.

고향의 지명 '은진(恩津)'의 사전적 뜻을 살펴보면 은(恩)은 은혜(恩惠), 인정, 온정, 혜택(惠澤)을, 진(津)은 나루, 나루터, 언덕, 물가(물이 있는 곳의 가장자리), 강기슭, 연줄을 의미한다. 은진면 근처에서 석기시대의 돌살촉이 출토된 것으로 보아 석기시대부터 인류가 정착한 것으로 추정된다고 한다. 구릉과 평야 지대를 이루고 있으며 수리시설이 발달 되어 토지가 비옥한 편이라 예로부터 경제와 교통의 요지였다고 한다. 글을 읽는 동안 뜻이 겹쳐 지면서 은진 작가 역시 독자에게 오래 머무르는 사유의 집 같은 글을 써가리라는 믿음이 생겼다.

작가에게 집은 일상의 확인과 동시에 깨달음의 공간이기도 하다. 마당을 밭으로 변화시키는 기쁨 속에서 수확에 대해 '너무 욕심을 내면 힘'만 든다는 점과 '조용한 것도 좋지만, 가끔은 그들이 들르는 마당이라야 더 마음에 든다.'(「욕심을 내면 힘들어」)는 사실을 느끼게 하는 공간이며, 윗방에 놓여있던 들깨를 가지고 기름을 짜며 "엄마 허리가 구부러진 것은 어쩌면 이것 때문일지 모르겠다. 그동안 편하게 얻어먹던 소주병 개수에 비례한 만큼 해마다 몸이 작아지고 구부러지는 것을 몰랐다니. 기름 냄새가 코끝에 닿을 때마다 기쁘면서도 가슴은 뭉클"(「찾은 보물, 먹었습니다」)한 어머니의 마음과 마주하는 순수한 공간이기도 하다.

"집은 생각보다 복잡한 존재다. 그 공간에 대해 글을 쓰는 동안 나는 마치 그 시절로 돌아간 듯한 기분이 들었다. 글을 쓰는 내내 마음은 그 집에서 다시 살고 있었다. 건물은 사라졌어도 그곳에서의 기억들이 여전히 선명했기에 가능했다."(「잃어버린 집에게」)는 말처럼 집은 행복한 공간인 동시에 꿈에 대한 좌절과 고통을 준 장소이기도 하다. 작가에게 집은 심연을 들여다보는 거울인 동시에 성장점을 만든 공간처럼 읽혔다. 거친 바람 속에 흔들리며 단단한 뿌리를 내리는 풀잎처럼, 내면의 중요한 가치를 일깨우는 순수한 마음이 빛나게 느껴져서 기대감이 한층 더 높아졌다.

2. 기적 같은 변화

세상을 변화시키는 중요한 사회적 부류를 이야기할 때 빠지지 않고 종교인, 정치인, 교육인이 거론된다. 그러나 아이러니하게도 대화하기 어려운 대상을 거론할 때도 종교인, 정치인, 교육인은 빠지지 않는다. 특히 교육인은 더 그렇다. 남다른 사명감을 가지고 교육을 담당하는 사람이 왜 대화하기 어려운 상대로 평가되는 것일까를 놓고 이야기하다 보면 "교육자들은 무지하고 미성숙한 대상을 평가하고 가르치려고만 할 뿐 정작 스스로 무지하고 미성숙하다는 것을 인정하지 않는다.", "타인의 말에 '경청'하기보다는 지식을 가르치는 데만 집중하고 계획에만 치우쳐 실천하는 변화가 느리다."고 입을 모은다.

은진 작가는 초등학교에서 30년을 근무한 교육인이다. 30년 동안 근무했던 학교에서의 경험들이 고스란히 글 속에 담겨 있다. 은진 작가에게 '학교'라는 공간은 무지하고 미성숙한 대상이 존재하는 공간이 아니라 인간의 순수함을 발견하는 공간이다. 서울로 전학 간 민이라는 학생이 보내온 편지는 작가에게 '감정 버튼'으로 작용한다. 편지 한 장이 '감정 버튼'이 될 수 있었던 이유는 '별이 빛나는 밤에'라는 주제의 특별했던 수업 때문이다. 그 수업의 시작은 '별이 흐르는 푸른 밤이 펼쳐진 우산' 때문이다. 은진 작가가 비 오는 날 우연히 집어 든 '우산'에서 받은 영감을 특별한 수업으로 완성하는 것은 그녀가 선생이기 이전에 이미 창작자의 감각을 갖고 있음을 느끼게 한다.

우산의 그림이 고흐의 삶과 예술을 알려주는 소재가 되고 그 감동이 돈 맥클린의 '빈센트'로 이어지는 특별한 이야기는 고흐와 돈 맥클린, 민이와 은진 작가의 마음을 통해 그와 우리가 살고 있는 나라, 도시, 성별을 뛰어넘어 하나가 되는 마법 같은 일을 만든다. 이야기를 읽는 순간순간 나의 감정 버튼도 자연스럽게 눌려 고흐의 '별이 빛나는 밤에'가 눈 앞에 펼쳐지고 '빈센트'가 들려 오는 황홀경을 맛보았다.

  "큰 배를 만들게 하고 싶다면 나무와 연장을 주고 배 만드는 법을 가르치기 전에 먼저 바다에 대한 동경을 심어줘라. 그러면 그 사람 스스로 배 만드는 법을 찾아낼 것이다."라는 말이 있다. 태어나면서부터 경쟁을 부추기는 사회, 등급으로 행복의 기준을 삼는 교육의 현실 속에서 초등학생을 미성숙한 자아를 가진 대상, 가르쳐야 하는 대상이 아닌 함께 순수한 감정을 공유하는 대상으로 인식하는 작가의 시선이 틀에 박힌 교과서보다 더 큰 가르침을 주고 있다는 생각이 들었다.

  선입견 없는 대상에 대한 인식은 「FM 같은 사람」의 동료 교사 'K'와 'L', 「놀이터 풍경화」의 '준이 엄마', 「그의 트레이드 마크」의 '그'로 이어진다. 「FM 같은 사람」에 서술되는 동료 교사 'K'와 'L'은 우리 주변에서 쉽게 마주칠 수 있는 인물 유형이다. '키가 크고 털털해 보이는' 'K'는 첫 만남에 '다짜고짜 악수를 청'하며 '손을 잡았고 인상이 좋다는 말까지' 건네는('사장님 같은 포스'에 '여유를 산처럼 쌓아두고 언제나 느긋'한) 외향형 인물이다. 반면 '날카로운 얼굴에 회색 안경'을 쓰고 있는 'L'은 사람을 '아래로 힐끗 쳐다보더니, 표정 없이 눈인사'만 건네는('상황을 빠르게 판단하고 일을 정확하게 처리한다. 쓸데없이 시간만 낭비한다고 생각되면, 뒤도 돌아보지 않고 바로 돌아서는) 내향형 인물이다. 두 사람이 '여유로운 표정과 느긋한 발걸음으로' 퇴근할 때 성실하고 꼼꼼하게 늘 최선을 다해 일하는 '나'가 있다. 지나치게 일에 몰두하는 작가에게 두 사람은 'FM 같은 사람'이라고 칭한다. 'FM'은 Field Manual의 약자로 야전교범을 뜻하는 군사용어라고 한다. 말하자면 군대 교과서라는 뜻이다. FM 같은 사람이라는 뜻은 다시 말해 원리원칙주의자라는 말이다. 이 글을 통해 작가는 그 의미를 인간관계의 주파수로 반전시킨다. 표준성과 비표준성의 경계를 나눠 표준만이 정상이라고 강요하지 않는다. 표준이 우리 사회를 바르게 이끌어 가지만 때에 따라서는 그때그때의 사정과 형편을 보아 일을 처리하는 재주인 융통성 같은 비표준성도 필요하다는 것을 인정한다. '선생님'이라는 사회적 위치를 내려놓으니 '형님!,

아우!'라고 부르게 되고 "그들 사이에서 원칙에 얽매인 나를 점차 풀어 주었다."라는 고백은 타인의 삶을 바라보는 성숙한 자세를 일깨운다.

「놀이터 풍경화」의 주인공 '준이 엄마' 역시 우리 주변에서 쉽게 만날 수 있는 여성이다. 놀이터에서 함께 놀던 아이들을 통해 인연을 맺고 좋은 관계로 지냈지만 느닷없은 동네 엄마들의 뒷담화의 주인공이 된 '준이 엄마'. 작가는 '뒷담화가 잦아지면 진실은 묻히고 사실에 가깝도록 변질'되는 세상을 고발하는 동시에 '아이의 잘못을 미안하다고 말할 줄 아는 엄마'를 통해 우리 주변에 존재하는 수많은 '준이 엄마'에 주목한다. "말은 한 사람의 입에서 나오지만 천 사람의 귀로 들어간다."라는 말이 있다. 우리는 때로 뒷담화의 주인공이 되기도 하고 뒷담화를 조장하는 사람이 되기도 한다. '즐거운 놀이와 친구'로 사귐의 공간이 되어야 하는 '놀이터'를 갈등, 욕망, 경쟁, 다툼의 공간으로 만드는 '갈증과 결핍'의 사람들에게 '준이 엄마'를 통해 변화에 대한 또 다른 화두를 던지고 있는 듯하다. '자신과 타인을 알아가고 배우는 공간'인 '놀이터'가 갖는 상징성을 잊지 말고 가슴에 새겨야겠다는 반성도 일깨웠다.

「그의 트레이드마크」의 '그'는 이름도 알지 못하는 남성이다. 터줏대감처럼 자리 잡고 있지만 불쾌한 냄새를 풍기는 은행나무와 은행나무 주변을 청소하는 이름도 알지 못하는 '남성'을 교차하며 이야기를 이끈다. "쓰레기를 치우면서도 찡그린 표정 하나 없는 편안한 얼굴이다. 밝은 연두색 옷을 입어서일까. 미소 때문일까. 함부로 버린 물건들이 더럽고 지저분해도 그의 세상 부러울 게 없는 표정이 멀리서도 도드라져 보였다. 세월은 공평하게 그의 얼굴에도 굵은 주름을 여기저기 새겨놓았다. 나이를 가늠할 수 있을 정도로 깊게 패었다. 그런데도 그 미소만은 그때나 지금이나 변함없다.", "나무 시선으로 쳐다보면 들어온 지 10년도 안 된 사람들이 기본 도덕이나 윤리도 모르고 주인 행세까지 하는 것으로 보일 것이다.", "보이는 건 그의 등뿐이다. 은행나무가 변함없이 버틴 것처럼 그의 트레이드마크도 한결같다. 그가 전한 미소 덕분에 약속 장소로 향하는 내 발걸음이 가볍기만 하다."는 작가의 따뜻한 시선은 소외된 이름 없는 이에게 향해 있다. 이러한 시선은 금빛 은행나무 잎처럼 눈부시다 못해 등불처럼 환하다.

　사회적으로 안정된 교사로서의 삶을 내려놓고 하고 싶은 일을 하기 위해 「30년을 정리 중입니다」라고 선언하는 은진 작가. 정리하는 과정에서 마주한 대상을 대하는 태도 역시 눈여겨볼 만하다. "쓰레기봉투를 옆에 끼고 종이 한 장 한 장을 일일이 살펴봤다. '사랑해요!'를 몇 번이나 고백하며 연필로 꾹꾹 눌러쓴 쪽지, 꼬질꼬질 때 묻은 종이 카네이션, 너무 젊고 너무 예쁜 공주 같은 그림이 여러 장" 등 버려도 괜찮다고 여긴 자료들 속에서 마주한 사소한 것들을 대하는 태도 역시 가볍지 않다. "밖은 추운데 뜨거운 기운이 느껴진다. 새해도 아닌데 붉은 해가 가슴속에서 타오르고 진하게 올라온다."라는 작가의 마음이 정리는 끝이 아닌 기적 같은 변화의 움직임이며 빛나는 '풀잎'처럼 생명의 언어를 통해 변화의 주체가 될 때 비로소 튼실한 열매가 되는 기적이 일어나는 것이라고 힘주어 말하는 듯했다.

3. 회복을 통한 사랑의 공동체

이 수필집의 씨앗은 2주마다 한 편씩 글을 써야 하는 프로젝트 참여였다고 한다. 전업 작가도 힘들다는 꾸준한 글쓰기의 결과물이다. '열의를 다해 쓸수록 글에 자꾸 걸려 넘어졌다.', '서두르지 않고 천천히 하기로 했다. 그것만으로도 다시 일어설 용기를 얻었다.', '내가 쓴 글이 언젠가 한 알의 열매로 익어갈 것이란 기대를 놓지 않았다'는 작가의 말처럼 독서를 통해 '지혜'를 얻고 그 지혜의 싹이 자라 숲이 되는 열정적인 과정이 이 책에 고스란히 담겨 있다.

씨앗이 뿌려진 땅은 독서 모임이다. '아는 만큼 보인다.'라는 말처럼 읽는 만큼 써야 하는 환경에서 발견한 것은 '마그마처럼 깊은 곳에 숨겨진 글쓰기에 대한 뜨거운 '열정'(「꿈틀거리는 마그마」)이다. 흔히 화산 폭발은 재앙으로 생각되기 쉽다. 화산재와 함께 엄청난 화산 쇄설물이 덮치면서 흔적도 없이 사라졌던 도시 폼페이만 생각해 봐도 그렇다. 하지만 화산 폭발로 인한 화산재는 대부분 석회암질의 암석으로 구성되어 토양을 비옥하게 만들어 식물 생장에 도움을 주기도 한다. 화산 분출 후 자연환경이 완전히 바뀌듯이 '브런치스토리'작가에 도전하면서 분출된 열정은 자신과 타인을 바라보는 인식의 변화를 이끈다.

"가고 싶은 길에 대한 자부심이 한 장의 종잇장처럼 가벼워지니 고단하기만 했다. 경고하듯 경적을 울려대는 것처럼 사람의 마음을 베는 소리는 불편했다. 그제야 잘못 들어선 길임을 알아차렸다. 가던 길을 멈추고 난 유턴을 선택했다. 그리고 그곳을 떠났다.", "앞차 꽁무니만 쫓다가 목숨까지 내걸며 덩달아 추월도 했는데. 그래서 꼭 승진이라는 그 길을 가야 할 것만 같았는데. 하지만 그러지 않아도 충분히 난 괜찮았다."(「유턴해도 괜찮아」), "'내 언어 온도는 몇 도일까?'를 상상했다. 불편할 정도로 너무 뜨거우면 참 곤란하겠고 그렇다고 곁을 주지 않을 정도로 차갑고 냉기가 돌면 그것도 고민이다. 그렇다면 따뜻한 말을 사용하는 사람의 인품과 언어 사용법을 배우고 연습하면 나도 더 나은 사람이 될 수 있을 것 같았다."(「내 언어 온도는 몇 도일까」), "그것은 이제라도 듣고 있다는 내 양심의 반응이었다. 나는 사회적인 약자를 위해 앞장서 도와줄 정도로 정의감 넘치는 사람이 아니다. 다만 민감하게 반응하고 귀 기울이는 사람이 되고 싶었다.", "그들의 죽음이 던진 질문은 우리가 풀어야 할 사회문제 그리고 교육 현장의 문제로 드러났다. 그래서 남은 자가 된 나는 생각하고 또 고민하며 답을 구한다."(「너무 착하게 살지 마요」)에 나타난 자성의 목소리는 성숙한 삶의 주체의식을 들어내는 동시에 타인을 바라보는 인식의 변화를 보여준다. 이러한 변화는 '솔직하게 말하는 용기'(「'아니오. 그건 싫습니다.'를 연습하자」)를, "병세가 안 좋아져 투석실로 옮긴 날이었다. 어두웠던 얼굴이 그날따라 편안했다. 수면제로 늘 멍하던 눈이 어느 때보다 맑았다. 울기만 하는 나를 오랫동안 바라보기만 하셨는데, 그게 마지막이었다.", "글을 쓰며 얻은 해답이다. 그날 투석실에서 나를 한없이 바라보던 눈빛. 그건 아버지가 마지막으로 전한 진심이었다."(「정말 읽기 싫은 책」)라는 깨달음을 통해 폐허가 된 공간에서 상처를 어떻게 회복되는지 그 과정을 제시하는 듯하다.

풀잎은 하나로 존재하기보다 군락을 이룰 때 더 큰 생명력을 얻는다. 인간에게 군락은 공동체이며 그 뿌리는 가족일 것이다. 은진 작가는 평범한 것도 특별한 시선으로 바라보고 표현하는 남편, 사춘기의 아들, '인지저하증'을 앓고 계신 어머니, 사랑의 표현이 서툴렀던 아버지, 가족 같은 개 메리 등을 통해 일반적이면서도 특별한 가족의 모습을 보여준다.

은진 작가의 남편은 고완수 시인이다. 그 역시 교육인으로서의 길을 걸어오다 작가와 같이 퇴직하였다. '누군가에게 위안이 되는 시를 쓰고 싶다는 시인은 오래전부터 하고 싶었던 그 꿈을 순간순간 온몸으로 느끼면서. 닮지 않았다는 시선을 보낸다 해도 오로지 자신이 그린 여인을 흡족하게 바라볼"(「졸리를 그리는 남자」) 남편, 개구리의 울음소리가 '개굴개굴'이 아니라 "왓?왓?왓?" 계속 물어오기에 자신도 "what? what? what?"이라고 대답하는(「왓왓왓이라고?」) 이 시대의 침몰된 진실에 대한 물음을 자연적 소재인 개구리를 통해 진지하게 고민하는 남편, 친어머니께서 특별히 챙겨둔

생선, 간장꽃게장, 직접 키조개를 넣고 끓인 미역국으로 기력이 없는 장모님을 살뜰히 보살피는 남편인 동시에 미소를 머금고 세상을 바라보는 남편(「백년손님의 손맛」)이다. 은진 작가는 특별한 남편을 자랑하기 위함이 아니라 이상적인 '가장'의 역할을 통해 절대적 권위만을 앞세우는 전통적인 가장의 모습이 아닌 다소 부족하더라도 흡족하게 바라보고, 늘 하는 소리도 귀 기울여 들어 주는 이상적인 가장의 모습을 고완수 시인을 통해 제시한 것이라는 생각이 들었다.

사춘기 아들은 "혼자 있기를 고집한 후에는 단체 생활을 싫어하고 자신만의 동굴을 만들어 그 속에 들어가면 나오지 않"(「지랄 총량의 법칙」)는 우리 주변에서 흔히 볼 수 있는 아이였다. "친구들과 어울리지 못하는 아이는 점점 말이 없어졌다. 자살하는 청소년이 늘었다는 소식은 불안한 내 마음에 언제 터질지 모를 폭탄을 품은 듯한 기분이었다. 방이 너무 조용하면, 잘못된 선택을 상상하며 슬며시 방문을 열어보곤 했다."는 작가의 마음에 공감하는 부모가 많을 것이다. '누구나 방황의 시절'을 지나며 "자신이 마음에 드는 것들로 채워가며 '지랄'을 벗어나"려고 노력하고 있다는 것을 이야기한다. "이제는 책이며 공부는 권유하지 않는다. 아들은 권유보다 더 좋은 방법을 이미 알고 있는 눈치다. 어쩌다 말이 나와 아들에게 신간 책 이야기를 할 때가 있다. 관심 없는 척하면서 "나도 읽고 싶었어."라고 무심하게 답한다. 간섭 대신 스스로 선택하는 즐거움을 맛보려는 의도적인 무심함이다. 그렇게 바랐던 '지혜'는 아들이 아닌 엄마인 내게 더 필요했는지도 모르겠다."는 이야기를 통해 부모의 역할에 대하여 생각해 보는 계기가 되었다. 방황은 아이만 하는 것이 아니다. 인간은 고민과 방황을 통해 끊임없이 성장한다. 권위적인 누군가의 강요로 이루어진 선택은 자신의 선택보다 더 큰 후회로 돌아온다는 것을 알고 있다. 따뜻한 믿음의 시선이 그 어떤 것보다 중요한 양육자의 자세라는 지혜를 아들의 모습을 통해 이야기한다.

'인지저하증'을 앓고 계신 친정어머니에 대해 "엄마는 지금 예상치 못한 '인지저하증' 즉 '치매'에 걸렸을 뿐이고 오래 사시는 만큼 착실하게 세금을 내며 지내고 있다." (「엄마는 착실하게 세금을 내고 있습니다」)며 함께 할 수 있다는 것이 얼마나 감사할 일인지 생각하게 한다. 그것은 곧 함께 하고 싶어도 함께할 수 없는 대상인 아버지를 떠올리게 하며 그 의미를 확장 시킨다. "3월 말은 아버지 기일이다. 중환자실에 계시다가 마지막 말도 남기지 못하고 쓸쓸하게 돌아가셨다. 그런 아버지를 나는 오랫동안 미워했다. "남동생이 둘이나 있으니, 넌 대학을 포기해라."라는 아버지의 말이 결정적이었다. 그런데 시간이 지날수록 왜 아버지가 생각나는 걸까."(「복숭아꽃이 피면 아버지가 생각난다」)라는 글에는 '아버지를 오랫동안 미워했다'는 선언과 같은 고백이 들어 있다. 남존여비 사상을 교육받은 아버지에게 두 아들은 앞으로 또 다른 가정의 가장이 되어야 하기에 배움은 꼭 필요한 당연성을 얻었지만, 딸은 당연성을 얻기 어려웠을 것으로 짐작할 수 있다.

두 선언은 세대 간의 깊은 갈등을 느끼게 한다. 그 갈등은 나무를 바라보는 다른 관점의 독서를 통해 '복숭아나무'를 새롭게 바라봄으로 인해 이루어진다. "돌이켜보면 나무에게서 얻은 것이 없지는 않다는 것도 알게 되었다. 그런 나무가 바로 복숭아나무다. 부모님의 일손을 도우며 매일 보던 것이니만큼 익숙하다. 그나마 아는 척을 할 정도로 조금 친한 편이다. 그래서 나무는 물론 시장이나 마트에 놓인 복숭아만 봐도 가꾸고 거둔 누군가의 손길을 짐작하는 버릇이 있다.", "병충해에 죽을까, 장마에 익은 과실이 떨어질까를 고심하며 키운 나무. 우리 가족을 먹여 살렸던 살림의 원천. 돈과 먹을 것을 모두 내어준 존재였다.", "복숭아나무는 아버지 그 자신이 되어 자신을 가르치고 농촌에 뿌리를 내리게 해주었다. 뒤늦게나마 아버지가 그리워 오랫동안 꽃을 바라보았다. 꽃도 물끄러미 나를 바라본다. 아버지처럼…." 그리고 마침내 "아버지, 미워해서 죄송해요!"라는 화해의 선언을 외치게 한다. 의외로 많은 사람들이 가족 간의 사랑에도 차별이 있다고 느낀다. 특히 자신이 차별받은 대상이라고 느끼는 경우가 대부분이다. 하지만 자세히 들여다보면 상황에 따른 우선순위가 달랐을 뿐 차별이 아닌 차이였을 수 있다. 표현하는 방법이 서툴렀던 아버지는 가족을 위해 '실패하면 안 되는 사람처럼' 밤낮없이 열심히 일하고 집주변을 항상 깔끔하게 정리하는 것으로 사랑을 표현한 것이리라.

　이런 아버지 손에 이끌려 온 또 다른 가족은 이웃이 버리고 간 '우리 집 개 메리'(「논두렁을 아프리카 초원으로 만든 친구」)이다. 버림받은 '개'에게 '우리'라는 의미를 부여한 것은 사랑이 충만한 공동체의 모습이 아닐 수 없다. 메리를 데리고 와 제일 먼저 한 행동은 '목줄'을 풀어 준 것이다. 목숨을 옭아매는 목줄을 풀어 주는 행위는 사랑에 대한 실천인 동시에 생명을 대하는 바른 자세의 표현이다. 자유를 얻은 '개'는 "미친 듯이 논두렁이며 밭을 경주마처럼", "그야말로 아프리카 초원을 누비는 치타가 눈앞에 있는 것"처럼 뛰어다니며 "얼마 전에 심은 고구마순을 엉망으로" 만들고 "고랑을 쑥대밭으로 변신"시킨다. 사람도 심한 억압에서 벗어나 갑자기 지나친 자유를 얻게 되면 무분별한 발언이나 행동으로 타인의 감정이나 권리를 침해하거나 규범이나 질서를 어기는 일이 발생하는데 하물며 동물인 개가 자유를 얻었으니 보지 않아도 뻔한 일이다. 하지만 가족들은 '메리'를 다시 억압하지 않고 자유 속에서 가르치며 안정되기를 기다렸다. '메리'는 기다림 속에서 '우리 집 문지기'라는 역할을 스스로 찾고 '다섯 마리'의 생명을 지키는 엄마 개로서 성장하고 죽음을 맞이하였다. 은진 작가는 '메리'를 통해 "나도 그 아이에게 길들여졌는지 모른다."고 말한다. '길들여진다'라는 것은 단순히 훈련하거나 통제하는 것을 의미하는 것이 아니라, 상대방과의 관계 속에서 의미 있는 연결을 맺는 과정일 것이다.

앙투안 드 생텍쥐페리의 『어린왕자』에 나오는 "너는 아직 내게 세상에 흔한 여러 아이들과 전혀 다를 게 없는 한 아이에 지나지 않아. 그래서 나는 네가 필요 없어. 너도 역시 내가 필요 없지. 나도 세상에 흔한 여러 여우들과 전혀 다를 게 없는 한 여우에 지나지 않는 거야. 그러나 네가 나를 길들인다면 우리는 서로 필요하게 되지. 너는 나한테 이 세상에 하나밖에 없는 것이 되는 거야. 나는 너한테 이 세상에 하나밖에 없는 것이 될 거고…"라는 말처럼 '길들여진다'는 것은 일방적인 것이 아닌 서로 간의 특별함이다. 길들여지는 과정은 쉽지 않다. 그 어려운 과정을 통해 비로소 우리는 사랑의 공동체를 완성해 나갈 수 있을 것이다.

은진 작가의 『감정 버튼』을 한마디로 표현하자면 '시선이 세상을 변화시킨다'이다. 세상 사람들에게 따뜻한 시선이 얼마나 많은 변화를 몰고 오는지가 책 곳곳에 보물처럼 숨어 있다. 이 책을 읽는 동안 그 보물들을 꼭 찾기를 바라는 마음이다. 나는 이 책에서 작은 풀잎 하나를 얻었다. 그러나 "풀잎 하나에도 세상의 모든 이야기가 담겨 있다. 작은 것에서 시작된 변화가 결국 큰 숲을 이룬다."라는 말처럼 하나는 하나가 아니다. 내가 찾은 보물 덕분에 큰 위안과 행복감을 얻었다. 첫 작품집으로 끝나면 풀잎은 생명력을 잃을 것이다. 앞으로 아름드리나무로 성장해 세상을 향해 더 푸른 휘파람 소리를 낼 날을 기대한다.